ANTONIO
GRAMSCI

# El fascismo

## LA SOMBRA NEGRA DE CIEN AÑOS DE BARBARIE

# ENSAYO 05

ANTONIO
GRAMSCI

# El fascismo

## LA SOMBRA NEGRA DE CIEN AÑOS DE BARBARIE

Traducción y edición de
Carlos Clavería Laguarda

Epílogo de
Luciano Canfora

*Odio a los indiferentes. Creo, como creía Friedrich Hebbel, que «vivir significa tomar partido». No pueden existir los hombres sin más, extraños a la ciudad. Quien vive de verdad no puede no ser ciudadano y no tomar partido. La indiferencia es abulia, es parasitismo, es bellaquería, no es vida. Por eso odio a los indiferentes.*

Antonio Gramsci, «Indiferentes»

# I. POLÍTICA Y FUTURISMO[1]

Está en proceso de divulgación un nuevo programa político.[2] He aquí sus puntos esenciales:

–Lucha contra el analfabetismo.

–Viabilidad: construcción de nuevas carreteras y de nuevas líneas férreas.

–Educación básica laica y obligatoria con sanciones penales para los transgresores. Enseñanza técnica en los talleres.

–Parlamento: participación equitativa de industriales, agricultores, ingenieros y comerciantes en el gobierno del país. El límite mínimo de edad para poder acceder al Parlamento se ha establecido en veintidós años. Abolición del Senado. Tras un periodo de prueba, un Parlamento así compuesto podrá ser abolido porque se quiere un gobierno técnico sin Parlamento. El gobierno estará formado por veinte técnicos electos mediante sufragio universal y estará controlado por una Asamblea de veinte jóvenes veinteañeros, también estos elegidos por sufragio universal.

1 Artículo publicado con el título «Cavour e Marinetti» en el semanario *Il Grido del Popolo*, el 16 de marzo de 1918.

2 Se trata del programa político lanzado por F. T. Marinetti como *Manifiesto del Partido Futurista,* publicado en *L'Italia futurista* el 11 de febrero de 1918.

–Abolición de la necesidad de autorización marital. Divorcio. Sufragio universal directo, masculino y femenino. Presentación de candidaturas basadas en amplios sectores de población. Representación proporcional.

–Puesta en marcha de una gran nacionalización de las propiedades eclesiásticas, colectivización de los entes públicos y de las tierras yermas y mal cultivadas.

–Fuerte tasación del impuesto de sucesiones y limitación de los grados de parentesco con derecho a sucesión.

–Impuestos directos y progresivos con verificación efectiva.

–Libertad de huelga, de reunión, de asociación, de prensa.

–Transformación y depuración de la Policía. Abolición de la Policía política. Abolición de la facultad que tiene el Ejército de restablecer el orden público.

–Justicia gratuita y juez electivo.

–Salario mínimo equivalente a las necesidades vitales. Jornada laboral máxima de ocho horas, por ley. Igualdad salarial entre hombres y mujeres. Transformación de la caridad en un sistema de asistencia y de previsión social. Derecho a la pensión por jubilación para los obreros.

–Secuestro de la mitad de los beneficios obtenidos con la fabricación de armamento.

–Ejército: mantenerlo hasta la caída del Imperio austrohúngaro para reducirlo luego al mínimo.

–Religión: anticlericalismo integral, expulsión de los curas y de los conventuales.

–Administración pública: reforma radical de la burocracia, convertida hoy en un fin en sí misma y en un Estado dentro del Estado. Desarrollo de la autonomía regional y local. Descentralización. Reducción de dos tercios de los funcionarios y duplicación de los salarios. Oposiciones teóricas pero no complicadas. Conceder responsabilidad directa a los jefes de servicio. Necesidad de elecciones para elegir a los cargos de mayor responsabilidad.

–Fomento de la marina mercante y de la navegación fluvial. Canalizar y procurar un uso más racional del agua. Defensa del consumidor.

Este programa es obra de Filippo Tomaso Marinetti para el nuevo Partido Político Futurista. Si le quitamos la amplificación, la imprecisión de algunos términos, algunas contradicciones menores, no es sino el programa liberal que los nietos de Cavour estaban obligados a ejecutar para mayor gloria de Italia. Pero los nietos de Cavour se han olvidado de las enseñanzas y de las ideas de su antepasado. El programa liberal parece tan extraordinario y fuera de sí que los futuristas lo hacen suyo, persuadidos de ser originalísimos y ultramodernos. No hay escarnio mayor para la clase dirigente: Cavour no logra encontrar en Italia otros discípulos y partidarios que no sean F. T. Marinetti y su banda de monos chillones.

# II. NACIONALISMO, CLASE SOCIAL Y ECONOMÍA[3]

## Nacionalismo revolucionario

La mala fe de los innovadores populistas —escribe Maurizio Maraviglia en *Idea nazionale*—[4] ha dado crédito a la idea preconcebida de que el nacionalismo es una doctrina conservadora que tiende a mantener y a consolidar los privilegios de clase.

El nacionalismo, por el contrario, es esencialmente revolucionario, dicen. Es más: es la única doctrina verdaderamente revolucionaria, y lo es porque tiene como punto de referencia la nación —con su unidad política, económica, espiritual—, mientras que las otras doctrinas, o no tienen punto de referencia o tienen uno menor: la clase social, el

3 Artículo publicado con el título «Il sindacalismo integrale» en el semanario *Il Grido del Popolo*, el 23 de marzo de 1918, y en el diario *Avanti!*, Milán, el 30 de marzo de 1918.

4 Maurizio Maraviglia (1878-1955) hizo el recorrido, en esos tiempos habitual, que iba del Partido Socialista Italiano a posiciones conservadoras y nacionalistas, y llegó a fundar un partido con este presupuesto: Asociación Nacionalista Italiana (1910), que acabó fusionado con el Partido Nacional Fascista (1923). En la revista citada llegó a ejercer como subdirector.

partido, la facción, y quizá los intereses de los mencionados innovadores. El nacionalismo es fuente de energía y, como tal, no huye de las modernidades más audaces. Un economista de corte nacionalista —Filippo Carli— se ha erigido en heraldo del «participacionismo» y del «activismo social» y su propaganda ha encontrado un eco considerable en el campo nacionalista.[5]

Maurizio Maraviglia, como los otros nacionalistas, cree dar por concluida de manera triunfal su exposición al afirmar que su doctrina tiene como punto de referencia su carácter «historicista». Pero sus afirmaciones tienen valor dogmático, y este es un modo peculiar de ser historicista y revolucionario. Maraviglia centra la diferencia real entre la doctrina nacionalista y las otras teorías en la cuestión de la «dignidad», no de la «historicidad»; esto es, la nación tiene más dignidad que la clase social, que los partidos, que los individuos. La revolución que tiene una voluntad internacional se reduce, para él, a una elegantísima cuestión retórica, del todo semejante a los debates que sostenían los viejos literatos cuando querían establecer qué género poético merecía ser tenido como preeminente en dignidad, cuando querían organizar una graduación de la dignidad de las obras de arte.

En la historia no existe lo más digno y lo menos digno: existe solo lo necesario, lo vivo, lo inútil, el cadáver. La clase social y el partido tienen la misma dignidad que la nación. De hecho, aquellos son la nación misma, que no es una entidad metafísica abstracta, sino una lucha política concreta

5 Filippo Carli (1876-1938) fue secretario de la Cámara de Comercio de Brescia y teórico económico del fascismo con el libro *Premesse di economia corporativa*, Nistri-Lischi Editori, Pisa, 1929.

llevada a cabo por individuos asociados con la intención de alcanzar un objetivo; y ese objetivo es el único valor discriminatorio para poder otorgar dignidad. Y el objetivo no es un hecho, sino una idea que se lleva a cabo con hechos. Un objetivo de la revolución es la libertad, entendida esta como organización espontánea de individuos que aceptan una disciplina para encontrar del modo más adecuado e idóneo los medios que permitan el desarrollo de su humanidad espiritual, entendida esta como perfeccionamiento del individuo, de todos los individuos, y obtenida de manera autónoma por cada uno de ellos. Los nacionalistas son conservadores, son la muerte espiritual, porque de «una organización» hacen «la organización» definitiva, porque su objetivo no es una idea, sino un hecho del pasado; su meta no es un universal, sino un particular, algo definido en el espacio y en el tiempo.

La revolución nacionalista es, por ello, solo confusionismo. Si los partidos, las clases sociales, los individuos han sido necesarios históricamente, tienen una tarea que llevar a cabo. Pretender anularlos significa incluso cancelar el punto de referencia preferido por los nacionalistas: la nación. Y el verdadero fin al que los nacionalistas afirman aspirar no es otro que la consolidación y la perpetuación de los privilegios de una determinada clase económica (los empresarios de hoy) y de una clase política (la constituida por ellos mismos como sedicentes innovadores). Todo ello a costa de las fuerzas económicas y políticas que la lucha política, en su derecho a la libre competencia, puede generar y validar. Todo ello a costa de la nación, que no es algo definitivo y estable, sino apenas un estadio de la organización político-económica de los hombres; es una conquista cotidiana, un desarrollo continuo hacia Estados más completos para que todos los hombres puedan encontrar en ella, la nación, el reflejo de su propio espíritu, la satisfacción de sus necesidades. Aquella ha ensanchado sus fronteras y ha pasado de ser Pueblo de artesanos a Estado con voluntad nacional, de feudo de unos cuantos nobles a Estado nacional burgués en una afanosa búsqueda de libertad y de autonomía. Y tiende a ensancharse aún más porque la libertad y la autonomía conseguidas hasta ahora ya no le bastan; por eso tiende a formar parte de organizaciones más vastas e inclusivas: la Liga de Naciones burguesas, la Internacional Proletaria.

La revolución nacionalista, la historicidad de la doctrina nacionalista, es solo retórica y confusionismo.

## Una novela político-económica

El nacionalismo es fuente de energía y no huye de las innovaciones más audaces. Una de estas audaces innovaciones sería, según Maraviglia, el «sindicalismo integral» propuesto por Filippo Carli.

Filippo Carli ha escrito, en repetidas ocasiones, una deliciosa novela político-económica. La creada por Carli es una construcción ciclópea que no deja nada a la improvisación: la economía, las finanzas, la moral y la política encuentran en ella un lugar adecuado y un plan preestablecido. Solo se olvida de una cosa: de la historia, y de la historia italiana en concreto. Para Carli, el peor crimen que se ha perpetrado jamás (*in omnibus saeculis saeculorum*) ha sido la abolición de los gremios medievales. De hecho, su sindicalismo integral es apenas un programa gremial, y es integral porque no se limita a los burgos, sino que se extiende a toda la nación. Carli propugna nada menos que la instauración de un Estado guiado por la razón, un Estado a priori, generado a partir de la conciencia de la clase dirigente. En un Estado así se suprimiría la lucha de clases, el partidismo y la llamada demagogia, porque estas cosas terribles no existían, según Carli, en el burgo medieval. Y, en efecto, no existían en el burgo tomado como circunscripción territorial cerrada (al menos en determinados periodos), pero existían entre el burgo y el castillo feudal, entre el artesano y el señor feudal, entre la ciudad y el condado.

En algunos momentos de la historia, las clases sociales estuvieron separadas incluso territorialmente. Esta es la razón por la que en el seno de cada una de esas comunidades territoriales no existía la lucha de clases: porque la comunidad era homogénea y la lucha de clases era de carácter interterritorial, o entre güelfos y gibelinos. La vuelta al corporativismo, el sindicalismo integral, no tiene ningún punto de anclaje histórico con el pasado o, si lo tiene, es ilusorio o arbitrario.

Incluso hoy se da esa arbitrariedad, y no es cosa menor. El proletariado debería renunciar a la lucha política. Su aportación se limitaría a la «coparticipación» y al «accionariado social». De este modo, el proletariado debería ser solidario económicamente con la burguesía y, por ende, olvidarse de la revolución social y de la abolición de los privilegios. El proletariado sería sometido a un «cultivo» intensivo bajo una educación destinada a hacerle comprender los fines sociales de la producción industrial y de la vida nacional. Carli tiene un concepto muy vago y empírico de la cultura y de la educación: se las imagina como vestidos aparentes, como vestidos de noche para una fiesta nacionalista. Los nacionalistas pondrían como meta educativa dos apariencias, dos hechos: la nación y la producción, si bien estos son instrumentos de vida moral, no objetivos morales. La nación-hipótesis de Carli debería ser una especie de Alemania poblada por italianos, un Estado germánico al cual los italianos contribuirían sustituyendo la barbarie moral por la sofisticada civilización latina: un luteranismo católico, un tonel de vinagre rellenado con vino de Marsala.

## Diletantismo nacionalista

Carli es de esos estudiosos que, gracias a la admiración que sienten por ciertos fenómenos económico-políticos alemanes, acaban por pensar que en ellos confluyen todos los aspectos de la vida alemana, toda la actividad alemana. No tienen en cuenta ni todas las grietas ni todo el antagonismo que también invaden Alemania. Es de esos que imaginan que el modelo alemán debe perpetuar su sistema político actual y, mejorado, lo proponen como modelo universal. La verdad es muy diferente; incluso en Alemania, la burguesía estaba sufriendo fatalmente su propia evolución liberal, estaba destruyendo sus empresas: la guerra ha sido el gran intento de mantener un sistema antieconómico de producción, el intento de integrar el déficit social con el botín de la victoria. Carli, hipnotizado por las apariencias, lo confunde todo con el tejido histórico vivo, y sus escritos —aunque se presentan llenos de ejemplos y demostraciones y están tejidos con lógica— quedan falseados por un exceso de diletantismo, de amplificación gratuita y de abstracciones ideológicas.

¡Audaz innovación!, es cierto. Pero el propio Maurizio Maraviglia la pone en su sitio. Maraviglia la llama «audaz», sí, pero no la acepta. Y no se puede entender tal adjetivo si, de hecho, no califica el diletantismo y el método académico de las pruebas que ofrece: se llama «audaz» incluso a lo que se considera falso; se utiliza una construcción que se juzga barroca e inconsistente para comprobar la energía vital de una doctrina. Maraviglia nominaría esta teoría, si la aplicase a los socialistas, partidismo y demagogia. Si la aplicamos a los nacionalistas, nos bastará con decir que se trata de confusionismo y diletantismo.

# III. ESPAÑA, UN PAÍS SIN ESTADO[6]

La crisis en la que se debate la vida política española comenzó el día 1 de junio de 1917 con el pronunciamiento pretoriano de las Juntas de Defensa, que fue el detonante de una huelga general de carácter revolucionario sofocada en el agosto siguiente con una matanza.

Las relaciones entre las clases sociales han sufrido en España un cambio profundo a raíz de la guerra mundial: ha aparecido una nueva clase, y está formada por los propietarios que se han beneficiado del paso de la riqueza nacional a sus manos de nuevos ricos, que han traficado con la miseria y la muerte de sus connacionales. Con la irrupción de una multitud paupérrima, que carece de la más elemental seguridad fisiológica en el mañana, ha crecido la tensión social; se ha creado un proletariado organizado, revolucionario, enérgico y disciplinado que renace fortalecido de cada una de las luchas que emprende.

6 Artículo publicado el 6 de mayo de 1919 en *Avanti!* con el título «Un paese senza Stato». Había sido publicado antes, pero censurado, en *L'Ordine Nuovo* el 1 de mayo con el título «Spagna». Los fragmentos censurados se editan entre corchetes.

Desde agosto de 1917, España está controlada y sometida por las Juntas de Defensa, reuniones irresponsables de guardias pretorianos que operan localmente, atentos solo a mantener intactos —y a acrecentar— los privilegios y la inmunidad que obtuvieron al aprovecharse de un momento de miedo general.

El Estado carece de poder y de funciones: el dominio de la ley ha sido suplantado por el arbitrio de hombres rudos y crueles que se creen competentes en todos los saberes por virtud del sable y de los galones. Los generales amenazan, juzgan, critican el trabajo de los gobiernos, que no logran mantenerse en pie ni llevar a cabo una acción de gobierno sistemática por culpa de las injerencias continuas y provocadoras de aquellos, pues minan el prestigio de las instituciones y han conseguido, de hecho, la abolición del Estado. El Parlamento, la Justicia, la Administración pública han sido incorporados al modo de hacer del militarismo generalizado.

La vida colectiva de la nación está fuera de los límites, incluso formalmente, de cualquier legalidad constitucional y atraviesa una fase muy agitada en la que es imposible hacer previsión de ningún tipo para el futuro inmediato: una fase de destrucción de riqueza y de vidas humanas, de desorden cruel y de caos barbárico. España es un país sin Estado. [Ha entrado de manera definitiva en esa fase oscura y catastrófica —caracterizada por la disolución de cualquier tipo de vínculo social homogéneo y por el deshacerse de cualquier tipo de disciplina política de carácter unitario— hacia la que se encamina el capitalismo].

Las reacciones sociales ante el «mangoneo» sufrido por lo público han sido varias y de diferente naturaleza. En la periferia, las clases propietarias iniciaron actividades antidinásticas y promovieron la autonomía para el País

Vasco y Cataluña, que ocultaban a duras penas el deseo de los armadores, de los propietarios de minas y de los empresarios —Cataluña y el País Vasco son las zonas más ricas de España— de sustraerle al fisco del Estado centralista de Madrid los grandes e infames beneficios que les rendía ser proveedores principales de la Entente. Esto es, buscaban exonerarse de tributar al Estado en un momento en el que este necesitaba más recursos si quería reorganizar la Administración y sanear (con trabajos públicos y disposiciones de interés general) las heridas mortales infligidas a la sociedad española por la desenfrenada especulación de los aventureros de la industria y del comercio.

Así, la clase propietaria se descompone por culpa del crecer de fermentos particulares y egoístas que disgregan y resquebrajan la producción y la vida política mientras el proletariado, sobre el cual pesan las consecuencias económicas del desorden, se compone como una personalidad diferente —consciente de serlo—, enérgicamente concreta y efectiva.

La clase proletaria toma conciencia de serlo y el movimiento sindical consigue una amplitud y una plenitud espiritual maravillosas y se convierte en la primera y más potente fuerza social con carácter nacional, organizada y disciplinada de España.

La «plebe» española, individualista como todos los agregados humanos que no han sufrido las dolorosas experiencias de la explotación intensiva a la que somete la industrialización, se atiene en los sindicatos obreros a una disciplina que sorprende y fastidia a los literatos admiradores de una España romántica tradicional tauro-gitano-guitarrística. En pocos meses, el proletariado español ha hecho un esfuerzo ímprobo cuya eficacia queda demostrada por acontecimientos recientes: la huelga general ha sido convocada y llevada a efecto en Barcelona con unanimidad fulminante y ha sorprendido y atemorizado a la clase propietaria. Pero la actuación más ejemplar ha sido la institución de la censura roja obrera como muestra de fraterna solidaridad entre los trabajadores. Apenas el gobierno suprimió las garantías constitucionales y publicó la lista de los temas que los periódicos no podían tratar, el sindicato de los tipógrafos decretó una contracensura y prohibió a los periódicos que publicaran noticias u opiniones que pudieran quebrar la disciplina revolucionaria de los obreros. Los tipógrafos rechazaron componer textos con informaciones que revelaran abandonos parciales de la huelga, actos de sabotaje, de intimidación gubernativa o patronal, represiones policiales o militares… El decreto sindical sobre la censura roja fue escrupulosamente respetado incluso por los tipógrafos de los periódicos afines a la Iglesia.

El movimiento obrero, que suele evolucionar por razón de contragolpes sociales repentinos y anormales, se ha organizado y ha tomado cuerpo fuera de los tradicionales partidos subversivos españoles. [Este movimiento está orientado decididamente por el comunismo de los consejos de obreros y campesinos y ha hecho suyo el lenguaje bolchevique: además de *Nuestra palabra*, los comunistas españoles publican *El soviet* y *El maximalista*].

Este formidable empuje proletario ha provocado nuevas reacciones y nuevos cambios de rumbo en la mentalidad de la clase de los pudientes y en los restringidos grupos políticos que se alternan ininterrumpidamente en el gobierno.

Hace unos meses, la Cataluña burguesa parecía orgullosamente unida contra el Gobierno central, que se apoyaba en el Ejército para luchar contra la amenaza separatista. Los obreros permanecían indiferentes a la cuestión autonómica y el gobierno los recompensó con la promulgación de leyes con contenido social e intentó castigar a los empresarios que, abusando y aprovechándose del desorden público, contravenían las directrices de las leyes laborales y despedían a quien osase protestar.

[La alta burguesía y los industriales, atemorizados por el crecimiento de la ola proletaria, se aliaron con las Juntas de Defensa contra los obreros y contra el Gobierno central]. La burguesía también se procuró armas. En agosto de 1917, los miembros del círculo más aristocrático de Madrid pidieron al ministro del Interior el carnet de «policías honorarios». Hoy la burguesía se ha armado con un cuerpo regular constituido por el somatén que [colaborando con las Juntas de Defensa] ejercen en los pueblos un poder arbitrario cercano al terrorismo y que obstaculiza la producción económica, a la vez que vacía de contenido y paraliza la acción del Estado.

El Parlamento era un fantasma. Ha permanecido cerrado casi todo el tiempo que ha durado la guerra: era imposible que naciera de él un gobierno dotado de energía e impulso para poder actuar, pues los cuatrocientos diputados se dividían en veintidós camarillas. El trabajo parlamentario ha sido sustituido por el régimen con ráfagas de decretos, los cuales son solo letra muerta por culpa de la parálisis de la administración [y porque prevalece la acción del somatén y de los grupos pretorianos.

La mentalidad del militarismo español queda reflejada en el siguiente episodio. El gobernador militar de Madrid, el general Aguilera, requerido por Romanones cuando la amenaza de la huelga general se cernía sobre Madrid, dijo al presidente del Gobierno que obedecería al jefe del Estado con una condición: «Cada bala disparada debe significar un muerto. Se luchará con crudeza, sin respetar a nadie por razones de sexo. Debemos tener la facultad de ser implacables con todos los manifestantes: hombres y mujeres»]. El poder arbitrario concedido a particulares «defensores de la propiedad» llevó, en el mes de febrero, al asesinato a tiros de tres campesinos que viajaban sin billete en el tren.

El endémico conflicto entre el Estado legal y el Estado de las Juntas de Defensa y el somatén ha dado muestras de su gravedad con la caída del Gobierno de Romanones y la subsiguiente ascensión al poder del Gobierno Maura-La Cierva. El gobernador civil de Barcelona, señor Montañés, había mandado excarcelar a los organizadores de los sindicatos obreros responsables de la huelga general. Las Juntas de Defensa amenazaron de muerte a Montañés si no dimitía de su cargo, esto tras volver a encarcelar a los sindicalistas. Las Juntas de Defensa estaban respaldadas por el general Milans del Bosch, gobernador militar que había dado un ultimátum a Romanones reprochándole que no le hubiera concedido plenos poderes para movilizar a los trabajadores y obligarlos a volver al trabajo por la fuerza. Romanones dimite: los pretorianos de las Juntas vetan la formación de un gobierno en el que entren el reformista Melquiades Álvarez y el liberal Alba. Solo el Ministerio de la Sangre, con Maura-La Cierva, les gusta.

[Un gobierno así no cabe en los límites constitucionales. Goza de la «confianza» de fuerzas irresponsables y no tiene la confianza del Parlamento. Así, el rey ha aceptado y firmado la disolución de las Cortes: las elecciones deberán convocarse inmediatamente. Pero es difícil afirmar ahora si se llevarán a cabo: los revolucionarios se abstendrán, y no será una abstención pacífica].

# IV. EL REVENTADOR DE MÍTINES[7]

Los obreros conocen bien, por dolorosa experiencia, la institución capitalista de los «reventadores de huelgas». Los trabajadores disponen de pocos medios de resistencia contra la potencia del capital, pero incluso con medios escasos pueden torpedear profundamente los beneficios y obligar al capital a pactar. Entonces, el capital recurre a los reventadores de huelgas: sustituye a los ferroviarios, a los telegrafistas, a los electricistas, a los panaderos, a los empleados del gas; a través de peones voluntarios, es decir, de su Guardia Blanca, intenta dar continuidad a la producción para no dejar descontentos a sus clientes e impedir que caduquen y se alteren las condiciones generales de sus beneficios.

Hoy ha aparecido una institución «original»: la de los reventadores de mítines. A millares, los obreros se reúnen asamneariamente en calles y plazas. Los obreros tienen pocas ocasiones para reunirse y por eso tienen gran interés en poder aprovechar todas las que se presentan. El mitin supone, para la clase trabajadora, el encuentro más importante para fomentar la conciencia de clase. El capitalismo, a

7 Artículo publicado con el título «Gli spezzatori di comizi» en *Avanti!*, el día 5 de marzo de 1920.

través de la producción industrial, intenta dividir las clases sociales en categorías, en grupos, en comunidades dispersas e inconexas. En las manifestaciones multitudinarias, en los mítines, se da cita toda la clase trabajadora: el metalúrgico se encuentra con el albañil, el zapatero con el carpintero, el mecánico con el panadero, y aprecia un sentido de unidad en las vibraciones compartidas que da tener un objetivo común, en la aceptación general de tener un mismo programa, un mismo método de lucha. ¡Ah, no! El reventador de mítines no puede soportar que miles y miles de operarios afirmen en una reunión la misma disciplina que demuestran en todas las manifestaciones de la lucha de clases. No puede permitir que gracias a esta disciplina se den las condiciones que permitan la celebración de un mitin útil a la formación de la clase trabajadora. El reventador de mítines quiere que la presencia de su insignificancia, henchida de palabras huecas y de vanidad, esté por encima de la presencia de miles y miles de obreros, sea superior a las voluntades reunidas de miles y miles de obreros. Priva así a la clase trabajadora de las escasas oportunidades de reunión de que dispone, no permite que la clase proletaria se manifieste, muestre toda su fuerza, adquiera clara conciencia de su voluntad colectiva.

Si os fijáis bien, veréis que el reventador de mítines rara vez es el trabajador de una fábrica, un obrero industrial. Casi siempre es un desubicado, un hombre de cien oficios que revela en su inquietud personal... y vocal la inestabilidad de su vida, de su vida laboral, que refleja en su mente y en sus ideas la incertidumbre y la confusión de las condiciones en que vive. Por eso el reventador de mítines afirma ser antiautoritario y ser antimarxista, porque Marx era «autoritario». Lo cierto es que Marx había previsto la existencia de este tipo de pseudorrevolucionario y había advertido a la clase trabajadora de cuáles eran sus métodos y su fraseología. Marx creía que la revolución no se hace con la garganta, sino con el cerebro; no se hace con amagos y aspavientos, con el bullir de la sangre en las venas, sino que se hace con la disciplina de la clase trabajadora, que aplica, en su intento de construcción de una sociedad comunista, idénticas virtudes a las que ha aprendido gracias al trabajo metódico y ordenado que se sigue en la gran producción industrial.

# V. EL PUEBLO DE LOS MONOS[8]

El fascismo ha sido la última «función» representada por la pequeña burguesía en el teatro de la vida política nacional. El lamentable fin que ha tenido la aventura «fiumana»[9] es la última escena de la función. Puede considerarse el episodio más importante en el proceso de disolución interna de la clase social pequeño burguesa italiana.

El proceso de desmembramiento de la pequeña burguesía comenzó en la última década del siglo pasado. La pequeña burguesía perdió todo su poder y fue alejada de cualquier función vital en los procesos productivos porque fue reemplazada a medida que se desarrollaban la gran industria y el capitalismo financiero. Aquella se convierte entonces en solo clase política y se especializa en el «cretinismo

8 Artículo publicado el 2 de enero de 1921 en *L'Ordine Nuovo* con el título «Il popolo delle scimmie», que hace referencia a un capítulo de *El libro de la selva,* de R. Kipling.

9 Tras los problemas fronterizos que dejó la Primera Guerra Mundial, el 12 de septiembre de 1919, un grupo mercenario de nacionalistas y excombatientes italianos guiado por el poeta Gabriele d'Annunzio tomó la ciudad hoy croata de Rijeka (Fiume, en italiano). El Tratado de Rapallo, firmado en noviembre de 1920, declaró que Rijeka era un Estado independiente y fue luego sometida a un bloqueo naval que obligó al poeta y a sus hombres a rendirse.

parlamentario». Este fenómeno, que ocupa buena parte de la historia política contemporánea, recibe diferentes nombres en sus diferentes fases: en un principio se llama «llegada de la izquierda al poder», se convierte luego en *giolittismo,*[10] es lucha contra las veleidades «kaiserísticas» de Umberto I, se propaga por entre el reformismo socialista. La pequeña burguesía se incrusta en las instituciones parlamentarias como instrumento que sirve a la burguesía capitalista para controlar la Corona y la Administración pública, el Parlamento pasa a ser un tenderete lleno de charlatanes y un nido de escándalos: un organismo del parasitismo. Corrupto hasta la médula, servil por completo ante el Poder Ejecutivo, el Parlamento pierde cualquier tipo de prestigio a ojos del pueblo. La masa popular se convence de que el único instrumento de control y de oposición a la arbitrariedad del poder administrativo es la acción directa, es la presión desde fuera. La Semana Roja de junio de 1914, con la protesta contra el asesinato indiscriminado de trabajadores y estudiantes, fue la primera —grandiosa— aparición de las masas populares en la escena política. Se oponían así directamente a los caprichos del poder, ejercitaban en efecto la soberanía popular, la cual no encontraba en el Parlamento la más mínima representación. Podemos decir que, en junio de 1914, el parlamentarismo emprendió en Italia el camino de su disolución orgánica; y al parlamentarismo le acompañaba en el viaje la función política de la pequeña burguesía.

La pequeña burguesía, que ha perdido definitivamente cualquier esperanza de volver a tener una función

10 Giovanni Giolitti (1842-1928) fue varias veces primer ministro desde 1892 y actor principal de todo el proceso que aquí relata Gramsci. En 1922 votó a favor del primer Gobierno de Mussolini; en 1924 le retiró el apoyo.

productiva, intenta por todos los medios conservar una posición de iniciativa histórica, mima —como hacen los monos— las acciones de la clase trabajadora y se manifiesta en la calle. Ejecuta una función productiva que hoy se vislumbra solo en los intentos del Partido Popular de volver a dar relevancia a los pequeños propietarios agrícolas y en los intentos de los funcionarios de la Confederación General del Trabajo[11] de galvanizar el sindicalismo agonizante. La nueva táctica burguesa de ocupar calles y plazas se practica según las normas habituales en la clase de los charlatanes, de los escépticos y de los corruptos. El desarrollo de los acontecimientos conocidos como los «radiantes hechos de mayo», con todos sus ecos periodísticos, retóricos, teatrales y de calle en tiempos de guerra, parece la proyección en la realidad de un relato entresacado de la selva de Kipling. Hablamos del relato de los Bandar-Log, el pueblo de los monos, cuyos habitantes creen ser superiores a los demás pueblos de la selva y estar en posesión de toda la inteligencia, de toda la intuición histórica, de todo el espíritu revolucionario, de toda la sabiduría necesaria para gobernar... Sucedió lo que sigue: la pequeña burguesía, que se había sojuzgado al poder gubernativo a través de la corrupción parlamentaria, cambia su hoja de servicios y se convierte en antiparlamentaria e intenta corromper la calle, la manifestación popular.

Durante la guerra, el Parlamento decae por completo; la pequeña burguesía intenta consolidar su nueva posición y verdaderamente cree haber llegado a hacerlo; cree haber

11 La Confederazione Generale del Lavoro (CGdL), fundada en 1906, era una organización sindical cercana al Partito Socialista Italiano (PSI). Con esas siglas sigue activo en Italia un sindicato, aunque con otros vínculos.

acabado con la lucha de clases, haber emprendido el camino de la clase trabajadora y campesina, haber sustituido la idea socialista, inmanente a las masas, por una extraña e irreal mezcolanza ideológica de imperialismo nacionalista, de «verdadera revolución», de «sindicalismo nacional». La acción directa llevada a cabo por la masa durante los días 2 y 3 de diciembre [de 1920] para protestar contra la violencia ejercida por las autoridades contra los diputados socialistas pone freno a la actividad política de la pequeña burguesía, que desde este momento busca organizarse y cobijarse bajo patronos más ricos y más seguros de cuanto pueda ser el poder de un Estado debilitado y agotado por la guerra.

La aventura de Rijeka es el motivo sentimental y el mecanismo práctico de esta organización sistemática, pero aparece de inmediato como evidente que la base sólida de la organización la constituye la defensa directa de las propiedades industriales y agrícolas ante los asaltos de la clase obrera revolucionaria y del campesinado pobre. Esta actividad de la pequeña burguesía, devenida oficialmente «el fascismo», no deja de tener consecuencias para la estabilidad del Estado. Tras haber corrompido y arruinado la institución parlamentaria, la pequeña burguesía corrompe y arruina también las otras instituciones, los sostenes fundamentales del Estado: Ejército, Policía, Judicatura. Corrupción y ruina promovidas porque sí, sin un fin preciso (el único fin concreto debería haber sido la creación de un nuevo Estado, pero «el pueblo de los monos» se caracteriza, de hecho, por la incapacidad orgánica de regularse, de fundar un Estado). Los propietarios, para defenderse, financian y apoyan una organización privada que, para esconder su verdadera naturaleza, debe asumir actitudes políticas «revolucionarias» y disgregar la más potente defensa de la propiedad, el Estado. La clase propietaria repite, por lo que hace al Poder Ejecutivo, el mismo error que había cometido con el Parlamento: cree poder defenderse mejor del asalto de la clase revolucionaria abandonando las instituciones de «su» Estado al capricho histérico del «pueblo de los monos», de la pequeña burguesía.

A medida que evoluciona, el fascismo se encallece alrededor de su núcleo primordial, no consigue esconder su verdadera naturaleza. Lleva a cabo una campaña feroz contra su señoría Nitti,[12] presidente del Gobierno —campaña que no para en mientes y llega a ser una invitación evidente a asesinar al primer ministro—, deja en paz a su señoría Giolitti y le permite llevar «felizmente» a término la conclusión de la aventura «fiumana». La actitud del fascismo hacia Giolitti ha marcado el destino de D'Annunzio y ha hecho evidente el verdadero fin histórico de la organización de la pequeña burguesía italiana. Más fuertes se hacen los *fasci,* mejor se organizan sus efectivos, más audaces y agresivos se muestran contra las cámaras del trabajo[13] y los ayuntamientos socialistas..., más sintomáticamente expresiva es su actitud para con un D'Annunzio invocador de la insurrección y de las barricadas. Las pomposas declaraciones de «verdadero espíritu revolucionario» se han materializado en un inofensivo petardo que ha explotado en el porche de entrada del periódico *La Stampa.*

12 Francesco Saverio Nitti (1868-1953) fue un prestigioso economista y fugaz presidente del Gobierno italiano (1919-1920). Manifiesto radical y antifascista, las persecuciones le obligaron a exiliarse.

13 La Camera del Lavoro era una organización de tipo protosindical creada por partidos de izquierdas en diferentes regiones de Italia ya a finales del siglo XIX. Entre sus intenciones sobresalía la de defender los «intereses de los trabajadores y educarlos en los valores de la hermandad y de la solidaridad», y así superar el ámbito de las antiguas asociaciones gremiales.

La pequeña burguesía, también en esta su última reencarnación política como «fascismo», ha dejado ver a las claras su verdadera naturaleza de sierva del capitalismo y de los terratenientes, de agente de la contrarrevolución. Ha demostrado también que es fundamentalmente incapaz de desarrollar ningún tipo de misión histórica: el pueblo de los monos llena las páginas de sucesos, no hace historia, no crea historia; deja su impronta en los periódicos, pero no ofrece material para escribir libros. La pequeña burguesía, tras haber acabado con el Parlamento, está acabando con el Estado burgués: sustituye, siempre a mayor escala, la «autoridad» de la ley por la violencia privada; ejercita (y no puede hacer de otra manera) esta violencia de manera caótica, brutalmente, e invita al alzamiento contra el Estado —contra el capitalismo— a estratos cada vez más amplios de la población.

# VI. ITALIA Y ESPAÑA[14]

¿Qué es el fascismo si se observa a escala internacional? Es un intento de resolver los problemas de producción y los asuntos financieros con la metralleta y el revólver. Las fuerzas productivas han sido arruinadas y dilapidadas en la guerra imperialista: veinte millones de jóvenes en la flor de la vida y con sus capacidades intactas han muerto, otros veinte millones han quedado inválidos; los miles y miles de vínculos que conectaban los diferentes mercados mundiales se han roto violentamente; han cambiado drásticamente las relaciones entre la ciudad y el campo, y entre la metrópoli y las colonias; los flujos migratorios —que restablecían periódicamente los equilibrios entre la excedencia de población y la potencialidad de los medios productivos de una nación— han quedado desvirtuados y no discurren con normalidad. Se ha creado una unidad y simultaneidad de crisis nacionales que hace, por ello, durísima y sempiterna la crisis general. Pero en todos los países existe un estrato de la población —la pequeña y mediana burguesía— que se cree capaz de resolver estos problemas gigantescos

14 Artículo publicado en *L'Ordine Nuovo,* 11 de marzo de 1921.

ametrallando y disparando, y este estrato alimenta el fascismo, suministra efectivos al fascismo.

En España, la organización de la pequeña y mediana burguesía en grupos armados ha tenido lugar antes que en Italia: allí se produjo entre los años 1918 y 1919. La guerra mundial sumergió a España en una crisis terrible antes de que esta llegara a otros países. Los capitalistas españoles saquearon el país y vendieron todo lo vendible antes de que se iniciara el conflicto. La Entente pagaba más de lo que podían pagar los consumidores pobres españoles y los propietarios vendieron a esta toda la riqueza y toda la mercancía que podrían haber sido útiles para cubrir las necesidades de la población nacional. En 1916, España era uno de los países más ricos financieramente, pero de los más pobres en mercancías y en energías productivas. El movimiento revolucionario apareció de manera impetuosa, los sindicatos organizaron la práctica totalidad de la clase industrial trabajadora, las huelgas, los bloqueos de producción, los estados de asedio, la disolución de las cámaras del trabajo y de las ligas. Los asesinatos y la fusilería se convirtieron en el tejido cotidiano de la vida política. Se formó el somatén antibolchevique, un grupo semejante a los *fasci* italianos y, como estos, formados, en un principio, por personal militar que fue reclutado de entre los oficiales, aunque no tardaron en ampliar la base hasta tener enrolados, como en Barcelona, a cuarenta mil hombres armados. Siguieron la misma táctica que los fascistas en Italia: agresiones a los dirigentes sindicales, violenta oposición a las huelgas, terrorismo contra las masas, oposición a cualquier tipo de organización, apoyo y ayuda a la Policía en sus tareas de represión, en los arrestos, soporte a los esquiroles en las huelgas y a los saboteadores de los bloqueos de la producción. España se debate en esta crisis desde hace tres años: la libertad pública se suspende cada quince días, la libertad personal se ha convertido en una entelequia, los sindicatos obreros se ven obligados a funcionar mayoritariamente de manera clandestina, la masa trabajadora está hambrienta y exasperada, el pueblo ha sido obligado a vivir en condiciones de salvajismo y de barbarie indescriptibles. Y la crisis se acentúa y se ha llegado al atentado individual.

España es un país ejemplar. Representa una fase que todos los países de Europa atravesarán si las condiciones económicas generales se mantienen como están hoy, si han de continuar con la tendencia actual. Italia atraviesa en 1921 la fase que atravesó España en 1919: la fase en la que las clases medias se arman y en la que se introducen, en la lucha de clases, los métodos militares que consisten en el asalto y en el ataque por sorpresa. También en Italia la clase media cree poder resolver los problemas económicos con la violencia militar; cree poder poner remedio a golpe de pistolas, cree poder erradicar el hambre y secar las lágrimas de las mujeres del pueblo con ráfagas de metralleta. La experiencia histórica no es útil a los pequeños burgueses, que desconocen la historia. Estos fenómenos se repiten y se repetirán en otros países, no solo en Italia. ¿No se ha repetido en Italia, para el Partido Socialista, lo que desde años es manifiesto en Austria, Hungría, Alemania? La ilusión es la mala hierba más tenaz de las que crecen en la conciencia colectiva: la historia enseña, pero no hay discípulos que aprendan de ella.

# VII. LIBERALISMO Y COALICIONES[15]

La tesis más extraña de cuantas se oyen sostener en la presente campaña electoral es la siguiente: el liberalismo ha vuelto. La proposición más extraña de cuantas se oyen sostener es la siguiente: que la formación de coaliciones es una prueba del renacimiento del liberalismo y que el programa de bloques es un programa liberal, que su política es liberal.

No negamos que estas afirmaciones puedan tener un valor energético. Pueden servir para despertar el ánimo de algún burgués, si es que existen todavía burgueses con nociones de la historia de su clase, del recuerdo de la edad de oro de la burguesía. La edad del liberalismo es la edad del heroísmo individual burgués y del heroísmo de partido. Liberales eran los burgueses que solos, apoyándose exclusivamente en el sentido de su propia responsabilidad, sin pedir más defensa que la de la libertad, creaban un nuevo mundo económico y moral al eliminar las barreras de las esclavitudes precedentes. Liberales eran los partidos que hacían de la libertad premisa indiscutible de su programa y prácticamente encerraban en esta afirmación ideal cualquier otra

15 Artículo publicado en *L'Ordine Nuovo*, 14 de mayo de 1921.

virtud. Llamar liberales a los burgueses de hoy, que han perdido la conciencia del valor moral que tiene la libertad, causa algo más fuerte que la extrañeza; también demuestra incapacidad absoluta de comprensión política considerar liberales a los partidos burgueses de hoy o, peor aún, la coalición en la que se han integrado y diluido.

Sería necesario, ante todo y sobre todo, indagar si hoy existen partidos burgueses y reconocer que, desde que la nacionalización de la economía sustituyó la competencia política entre la ciudad y el campo por un acuerdo entre ambos al amparo de un sistema estatal de protección recíproca, los partidos de la burguesía —los partidos en el sentido clásico de la palabra— han dejado de ser relevantes. Allí donde el contraste entre ciudad y campo no ha llegado a tener un valor orgánico e históricamente continuo —como en la Italia moderna—, los partidos, o no han llegado a existir, o han desaparecido apenas despareció el fervor que fecundó su aparición sobre la base no de intereses reales, sino solo de afirmaciones puramente ideales. En Italia, los partidos desaparecieron con la derecha y la palabra *liberalismo* de aquellos años, cambiando de significado, se ha convertido en «arte de gobernar». El liberalismo primero fue una premisa, consustancial a cualquier partido; pasó más tarde a ser algo así como una consecuencia, una condición resultante: la resultante de una acción armónicamente dirigida por la habilidad del gobernante y llevada a cabo por grupos aislados. Despareció la teoría de la libertad y la asunción de responsabilidad, y entonces todo se hizo teoría y práctica del equilibrio y de la acomodación, y por ello negación del valor de las afirmaciones de ideales y desaparición del sentido de responsabilidad. Giovanni Giolitti simboliza este proceso de transformación y, no por casualidad, la formación de coaliciones, que es el último acto de la transformación, se ha llevado a cabo por él inspirada y por él querida.

En la coalición ha encontrado su fin el partido político, y la práctica de la conciliación se extiende desde el Parlamento a los grupos políticos. En la coalición, la táctica liberal muere y confiesa estar muerta.

Pero el final del liberalismo vuelve a confesarse de manera más explícita en el programa político. El programa de las coaliciones consiste en preparar las defensas ante el asalto que se avecina contra las posiciones de la burguesía. Pero una clase social que se defiende y que hace de la defensa su único programa de gobierno cesa, por este simple hecho, de ser una clase liberal, deja de tener la capacidad de mantener en su seno la aspiración al desarrollo de energías sin otro límite que no sea la libertad en sí misma. Que haya llegado hasta este punto es la prueba más clara de que la burguesía está en decadencia. En su seno han muerto los partidos, queda solo la clase social; y ni siquiera un gobierno de partido, es decir, uno formado en nombre de un principio ideal, puede tener ya la burguesía. Esta puede tener solo un gobierno de clase con el objetivo de conservar su propia clase social. Esto, y solo esto, queremos expresar cuando afirmamos que para aquella ha llegado la hora de la dictadura.

Los bloques o coaliciones son una de las formas que toma la dictadura burguesa, quizá la forma más elevada, la forma más baja, aquella en que la dignidad de la historia desciende al nivel de la farsa y de la obscenidad. Pero, en el símbolo del bloque, las insignias fascistas recuerdan que la dictadura burguesa es también una cosa seria y trágica: cuando de la escena electoral se pasa a las luchas batalladas a campo abierto, estas recuerdan a los trabajadores que la burguesía no cede sin haber utilizado antes todos los medios de defensa y de destrucción de que dispone.

El liberalismo no tiene nada que ver con todo esto, como nada tiene que ver el valor con la violencia de los fascistas que operan a la sombra del Estado. El espíritu del liberalismo vive en aquellos que luchan solos, sin otro apoyo que sus propias fuerzas y su propio sentido de la responsabilidad; que luchan sin otro objetivo que la realización de sus ideas para así promover una liberación, cada vez más profunda, del mundo.

# VIII. SOCIALISTAS Y FASCISTAS[16]

La posición política del fascismo está determinada por estas circunstancias elementales:

–Los fascistas, en los seis meses que llevan de actividad militante, han cometido una considerable cantidad de actos delictivos de los que seguirán saliendo impunes mientras la organización fascista sea fuerte y temible.

–Los fascistas han podido desarrollar su actividad solo porque decenas de miles de funcionarios, especialmente de los cuerpos de seguridad del Estado (policías, guardia real, *carabinieri*) y de la Judicatura, se han convertido en cómplices morales y materiales del fascismo. Estos funcionarios saben que su impunidad y su carrera están estrechamente ligadas a la suerte de la organización fascista y, por ello, están interesados en sostener el fascismo en todo lo que este intente para consolidar su posición política.

–Los fascistas tienen, diseminados por todo el territorio nacional, depósitos de armas y municiones en cantidad tal que podría bastar para armar a un ejército de medio millón de hombres.

16 Artículo publicado en *L'Ordine Nuovo*, 11 de junio de 1921.

–Los fascistas han organizado un sistema jerárquico de tipo militar que encuentra su coronación natural y orgánica en el Estado Mayor.

Es de lógica común y elemental que los fascistas no tengan ninguna intención de acabar en la cárcel y que quieran, por el contrario, servirse de la fuerza, de toda la fuerza de que disponen, para permanecer impunes y para alcanzar el objetivo final de cualquier movimiento: hacerse con el poder político.

¿Qué piensan hacer ante todo esto los socialistas y los jefes de la Confederación General del Trabajo para impedir que sobre el pueblo italiano caiga la tiranía del Estado Mayor, de los latifundistas y de los banqueros? ¿Han pensado un plan? ¿Tienen un programa? No lo parece. ¿Es posible que los socialistas y los jefes confederales hayan delineado un plan «clandestino»? Sería ineficaz, porque solo una insurrección de la masa puede detener el golpe de la fuerza reaccionaria; y la insurrección de la masa, si tiene necesidad de una preparación clandestina, necesita también de una propaganda legal, abierta, que dé directrices, que oriente el espíritu, que prepare las conciencias.

Los socialistas no se han planteado nunca seriamente la cuestión de la posibilidad de un golpe de Estado ni de procurarse los medios necesarios para poder defenderse y pasar a la ofensiva. Los socialistas, acostumbrados a rumiar estúpidamente algunas formulitas pseudomarxistas, niegan la revolución «voluntarista», «milagrosa»... Pero, si la insurrección del proletariado acabara siendo «impuesta» por la voluntad de los reaccionarios, que no tienen —claro— escrúpulos marxistas, ¿cómo se comportaría el Partido Socialista? ¿Dejaría, sin oponer resistencia, que venciera la reacción? Y, si venciera la resistencia, si los proletarios insurrectos y armados derrotaran a los reaccionarios, ¿qué consigna daría el Partido Socialista: la de entregar las armas o la de continuar la lucha hasta el final? Creemos que estas preguntas, en este momento, no son solo académicas o abstractas. Es posible, cierto, que los fascistas, que son italianos, que tienen todas las indecisiones y las debilidades de carácter de la pequeña burguesía italiana, imiten la táctica utilizada por los socialistas en la ocupación de las fábricas: que se echen atrás y dejen en manos de la justicia punitiva de un gobierno reconstructor de la legalidad a aquellos que han cometido delitos y a sus cómplices. Es posible, pero es mala táctica confiar en los errores del adversario, imaginarlo incapaz e inepto.

Quien tiene la fuerza la aprovecha. Quien siente de cerca el peligro de acabar en la cárcel se agarra a un clavo ardiendo para conservar la libertad. El golpe de Estado de los fascistas, es decir, el golpe del Estado Mayor, de los latifundistas, de los banqueros, es el espectro amenazador que se cierne sobre la legislatura desde que dio comienzo. El Partido Comunista[17] tiene un objetivo: lanzar la consigna de la insurrección, conducir al pueblo en armas hasta la libertad, garantizada por el Estado proletario. ¿Cuál es la consigna del Partido Socialista? ¿Cómo puede la masa fiarse de este partido, que reduce su actividad política a la queja y que se propone como objetivo que sus diputados puedan dar «bellísimos» discursos en el Parlamento?

17 El Partido Comunista de Italia (PCdI) se fundó el 21 de enero de 1921, cinco meses antes de publicarse este artículo, como escisión del ala izquierdista del PSI. Amadeo Bordiga y Antonio Gramsci fueron sus principales impulsores.

# IX. EL SUBVERSIVO REACCIONARIO[18]

El juego no en exceso significativo de las combinaciones entre los diferentes grupos parlamentarios, que es argumento predilecto en las cábalas de los corresponsales romanos, continuó ayer con la aparición en escena de quien gusta de presentarse, y de ser presentado, como el líder de la reacción italiana: Mussolini.

En su debut, Mussolini ha creído oportuno recordar, como si fuera un mérito, sus orígenes subversivos. ¿Es una pose o el deseo de atraerse mayormente los favores del nuevo patrono? Convergen en su intervención ambas intenciones, y es también cierto que el pasado subversivo del novísimo reaccionario es un elemento que contribuye no poco a delinear su figura. Es necesario, sin embargo, hablar sin prejuicios y dar a conocer un poco este mito mussoliniano que tanto gusta al jefe de la vieja ala revolucionaria del Partido Socialista.[19] ¿Es mérito de la madurez de conciencia

18 Artículo publicado en *L'Ordine Nuovo* con el título «Sovversivismo reazionario» el 22 de junio de 1921, un día después del primer discurso parlamentario de Benito Mussolini.

19 Mussolini formó parte, en cargos de responsabilidad, del Partido Socialista Italiano (PSI) entre 1910 y 1914.

producida por la experiencia revolucionaria de estos últimos años si, repasando las actitudes y los hechos de entonces, no podemos evitar verlos reducidos a proporciones muy diferentes de cuan revolucionarios nos parecían entonces? En su discurso parlamentario, Mussolini ha usado solo una palabra correcta cuando, a propósito de su modo de entender los conflictos políticos y de solucionarlos, ha hablado de «blanquismo».[20] Esta confesión permite que nos situemos en el mejor punto de observación posible para poder entender y explicar con exactitud lo que por instinto percibimos hoy de ilógico, de tosco, de grotesco en la figura de Mussolini. El «blanquismo» es la teoría social del golpe de mano, pero, pensándolo bien, el subversivo Mussolini no aprendió de ella sino la parte material. Se dice que la táctica de la III Internacional también tiene puntos de contacto con el «blanquismo», pero la teoría de la revuelta proletaria difundida en Moscú y la implementada por los bolcheviques son una misma cosa si las afiliamos a la idea marxista de la dictadura del proletariado. Del «blanquismo», Mussolini utilizó solo la parte aparente; o, mejor dicho, él mismo se ocupó de hacerlo parecer algo solo de fachada, lo redujo a la materialidad de la minoría dominante y al asalto armado. La necesidad de encuadrar la acción de la minoría en el movimiento de masas, el proceso que hace de la revuelta el medio para una transformación de las relaciones sociales, había desaparecido. La Semana Roja de Ancona,[21]

20 Término usado por Gramsci para referirse a algunas teorías del libertario revolucionario francés Auguste Blanqui (1805-1881).

21 Véase más arriba, en el capítulo V, acerca de la Semana Roja (Ancona, 7-14 de junio de 1914), en la que Mussolini participó como miembro del Partido Socialista y director de su órgano de propaganda, *Avanti!* Gramsci vuelve a relacionar a Mussolini con la que fue la última gran manifestación obrera italiana antes de la Primera Guerra Mundial más abajo, en los capítulos XIX y XXIV.

el típico movimiento mussoliniano, fue definida con precisión por aquellos que la tildaron de revolución sin programa.

Pero no es suficiente. Se puede sostener que, para el *capo* fascista las cosas, desde entonces hasta ahora, no han cambiado. Su posición, en el fondo, es todavía la de entonces. Aún hoy, Mussolini no es sino un teórico, si se le puede llamar así, y escenifica golpes de mano. El «blanquismo», en su apariencia externa, puede ser subversivo hoy, reaccionario mañana. Pero siempre revolucionario y reconstructor solo en apariencia, condenado a no tener continuidad ni desarrollo, incapaz de encadenar un golpe de mano con el siguiente en la línea de un proceso histórico. Los burgueses, hoy día, medio atemorizados y medio estupefactos, miran a este hombre que se ha puesto a su servicio como a una especie de monstruo nuevo, revolucionario de situaciones reales y hacedor de historia. No hay nada más falso. La incapacidad de engarzar los eslabones de una construcción histórica es tan grande en el «blanquismo» de este epiléptico como lo es en la capacidad subversiva del maltusianismo de los D'Aragona y de los Serrati.[22] Pertenecen todos a la misma familia. Representan, igual uno que los otros, la misma impotencia. Si entre los reaccionarios italianos se aprecia hoy una consistencia y una continuidad, estas tienen su origen en otros elementos, en otros factores de carácter no solo nacional, sino común a todos los países, y son de naturaleza muy diferente a aquella que este exasperado exaltador de sí mismo nos quisiera hacer creer que tienen. La lucha contra

22 Ludovico D'Aragona (1876-1961) era en ese momento secretario de la Confederazione Generale del Lavoro (CGdL). Giacinto Menotti Serrati (1876-1926) ejerció de periodista y sustituyó en 1911 a Mussolini al frente de *Avanti!*, desde donde se manifestó un furibundo antifascista. Como miembro del ala izquierda del PSI vio su escisión y en 1921 asistió a la creación del PCdI.

las reivindicaciones y la resistencia contra la sublevación proletaria parten de bases muy concretas, pero es sin duda significativo —por lo que hace a demostrar la seriedad de la vida política italiana— que en la cima de una construcción que se sujeta gracias a un poderoso sistema de fuerzas vivas esté este hombre. Un hombre que se deleita haciendo juegos de fuerza y se dedica a masturbarse con las palabras.

Los políticos de la burguesía, que razonan desde su impotencia y desde su miedo, hablan de una subversión reaccionaria. Para nosotros y para todos los que entienden algo del juego de fuerzas que supone la política no se trata sino de una mosca cojonera.

# X. BONOMI[23]

El nuevo presidente del Gobierno, su señoría Bonomi, es el verdadero organizador del fascismo italiano. Ministro de la Guerra, no solo ha permitido a los oficiales participar activamente en las facciones políticas, sino que ha organizado minuciosamente estas participaciones. Ha llevado a cabo la desmovilización de los oficiales siguiendo no un plan técnico o militar, sino a través de otro plan político reaccionario con el cual los oficiales desmovilizados debían, metódicamente, convertirse en miembros de la Guardia Blanca italiana. Los arsenales se pusieron a disposición del fascismo, los altos mandos militares recibieron la consigna de estudiar las posiciones estratégicas en una guerra civil y la de redactar minuciosos planes de ataque. Oficiales de alto rango recibieron el encargo de recorrer Italia: de referir, de sugerir. Su señoría Bonomi es el verdadero representante de esta fase sanguinaria de la historia burguesa. Como Noske, como Millerand y como Briand, es hijo del socialismo.[24] La burguesía confía en

23 Artículo publicado en *L'Ordine Nuovo*, 5 de julio de 1921.

24 Los dos primeros, en Francia, y el último, en Alemania, han pasado a los libros de historia como «apóstatas del socialismo».

estos hombres porque, de hecho, han militado en el movimiento obrero y lo han liderado: conocen sus debilidades y saben cómo se corrompen los hombres.

La llegada de Bonomi al poder, tras el ingreso de los fascistas en el Parlamento, tiene este significado: la reacción italiana contra el comunismo pasa de ser ilegal a legal. Ser comunista, luchar por la llegada al poder de la clase obrera no será un delito según el juicio de un Lanfranconi o de un Farinacci, será un delito «legal», será perseguido sistemáticamente en nombre de la ley, no solo en nombre del Fascio di Combattimento local.[25] Se desarrollará en toda Italia el mismo fenómeno que ha tenido lugar en otros países capitalistas. Contra el avance de la clase trabajadora se unirán en coalición todos los elementos reaccionarios, de los fascistas a los socialistas pasando por los populares. De hecho, los socialistas se convertirán en la vanguardia de la reacción antiproletaria, porque son los que mejor conocen las debilidades de la clase trabajadora y porque tienen cuentas personales que ajustar.

Los comunistas no se han hecho nunca ilusiones sobre este asunto. Saben que deberán combatir una lucha mortal, sin cuartel. Bonomi es el primer eslabón de la cadena de delitos que la socialdemocracia se apresta a cometer en Italia. El organizador del fascismo militarizado tiene la misión de concentrar en un solo movimiento todas las corrientes antiproletarias y anticomunistas que pululan por nuestro país. Tiene el desesperado encargo de encauzar la cada vez

25 Nombre del partido político fundado en 1919 por Mussolini y que se convirtió en 1921 en el Partido Nacional Fascista. Los citados en la frase anterior fueron prominentes fascistas. Roberto Farinacci (1892-1945) fue asesor personal de Mussolini y algunos autores lo citan como «el fascista más fascista que el propio Duce».

más amenazante insurrección de la masa contra el capitalismo destructor, pero ni siquiera en Italia las masacres y los atentados contra la libertad conseguirán poner fin a la crisis económica y poner en pie el edificio social que la guerra imperialista ha demolido.

# XI. EL VERDUGO Y LA VÍCTIMA[26]

El gobierno y la prensa burguesa están buscando un entretenimiento que haga olvidar el fracaso de las negociaciones de paz entre los parlamentarios fascistas y los reformistas. Ya lo han encontrado: el Partido Comunista. Dicen: el Partido Comunista no quiere la pacificación, es la causa de todas las desgracias y de todos los sufrimientos que se abaten sobre el pueblo italiano; el Partido Comunista es una reunión de bandidos, de asesinos, de delincuentes, es la verdadera y única causa del nacimiento del fascismo. Y, como el Partido Comunista no quiere la pacificación, el Gobierno Bonomi no puede sino permitir que los fascistas hagan todo lo que les venga en gana. Los cientos y miles de arsenales que los fascistas han acumulado a ojos de todo el mundo no serán secuestrados. Las ametralladoras y lanzallamas, los cañones y mosquetones quedarán en manos de los fascistas. Los fascistas podrán también desfilar por nuestras ciudades, en formación, con el fusil al hombro, tocados con el casco y con los correajes a rebosar de granadas. El Estado no intervendrá, no aplicará la ley, no

26 Artículo publicado en *L'Ordine Nuovo,* 17 de julio de 1921.

abrirá las cárceles, no molestará a los jueces. El Estado no es, por lo que hace a los fascistas, un administrador de leyes, una organización represiva o punitiva. El Estado, para los fascistas, no existe; pero aquel reconoce en los fascistas una autoridad independiente y trata con ellos de igual a igual: si la pacificación no llega, les reconoce el derecho de continuar incendiando, invadiendo ciudades y pueblos, decretando exilios y ejecutando la disolución de quién sabe qué Administración pública de manera impune. No falta la ironía en esta gran acción pacificadora del Gobierno italiano. ¿Quién será el custodio y el garante del «tratado de paz»? ¿Quién se fiará de la palabra de un gobierno que permitiendo todo lo anterior confiesa, de modo clamoroso, ser impotente o actuar de mala fe? ¿Cómo conseguirá el Estado que se respete el «papel» que debería ser jurado por los subversivos y por los fascistas cuando es incapaz de hacer respetar la Carta Fundamental del Estado jurada por el rey ante el pueblo italiano?

Los comunistas no participarán, por supuesto, en este «mercado de estúpidos», no cometerán este delito contra el pueblo italiano. No puede haber entendimiento entre el verdugo y la víctima, no puede firmarse la paz entre el pueblo y quien lo masacra. El Partido Comunista se hace responsable de su actitud. Es consciente de convertirse con ello en la diana de la coalición reaccionaria, pero es consciente también de que si se declarara «pacifista» seguiría siendo la diana de la reacción coaligada. La clase trabajadora italiana, tras haber asistido al desalojo de las fábricas ocupadas, ha podido comprobar cuánto valen las palabras del Gobierno italiano. Había prometido que no iba a haber represalias: miles de operarios han sido enviados a las cárceles, los tribunales sudan la gota gorda para embastar este complot colosal; cientos de miles de trabajadores han sido despedidos y obligados a morir de hambre junto a sus familias. En Turín, incluso los trabajadores socialistas han salido escarmentados tras haber confiado en la palabra de los reaccionarios. Dejaron que en un primer momento los comunistas —los más aguerridos luchadores de la revolución— fueran despedidos y firmaron un pacto. Hoy les ha llegado el turno a ellos y hoy son ellos los que están siendo despedidos. ¿Quién hace que el reaccionario respete los pactos, las promesas, los juramentos? ¿No demuestran ellos, antes incluso de la pacificación, toda su mala fe? No es con los comunistas, no es con el Partido Comunista como pequeño núcleo de individuos asociados, con quienes la reacción está molesta; se muestra encolerizada contra la clase operaria y campesina en cuanto que masa de asalariados esclavos del capital. La reacción tiene miedo de que la clase trabajadora en su totalidad —sea comunista, socialista, republicana, popular, oprimida, vejada, hambrienta— se alce contra sus explotadores y les dé la vuelta a las actuales relaciones de clase. En Ferrara no se había constituido aún una célula comunista y en Ferrara se ha mostrado especialmente virulento el fascismo. En las zonas agrícolas (Rovigo, Reggio Emilia, Apulia) donde el fascismo ha instaurado un régimen colonial, el Partido Comunista, que era esencialmente urbano y operario, apenas tenía fuerza. Donde el partido era especialmente fuerte (Turín), el fascismo no ha podido poner el pie hasta el mes de abril pasado. Su agresividad ha coincidido con la crisis industrial, con la ocupación de la FIAT, y se ha dejado ver a las claras formando parte de una acción coordinada de la lucha capitalista contra la organización sindical. El fascismo no es una agrupación de particulares, como tampoco lo es el comunismo: el fascismo es un movimiento social, es la expresión orgánica de la clase propietaria en lucha contra las exigencias vitales de la clase trabajadora; es expresión de la clase propietaria que quiere, blandiendo el hambre y la muerte de los trabajadores como armas, reconstruir el sistema económico arruinado por la guerra imperialista. En esta lucha, la iniciativa la lleva todavía la clase propietaria del mismo modo que al fascismo le toca llevar la iniciativa de la guerra civil: la clase trabajadora es la víctima de la lucha de clases y no puede haber paz entre la víctima y el verdugo. Quienes pretenden hoy arrastrar al proletariado a firmar la paz son ya, solo por eso, otros verdugos: por la piedad que inspiran hoy los diez asesinados, aquellos preparan para mañana la matanza de mil.[27] No se trata de piedad, pues: es vil hipocresía. El Partido Comunista no quiere ser ni vil ni hipócrita, porque, de hecho, tiene un profundo sentimiento de piedad humana por lo que respecta al destino atroz del pueblo trabajador.

**27** Posible referencia a los enfrentamientos de Roccastrada (6 de julio de 1921), en los que grupos fascistas vengaron la muerte de un compañero con la de diez ciudadanos. Los atacantes fascistas fueron absueltos.

# XII. LOS DOS FASCISMOS[28]

La crisis del fascismo, sobre cuyos orígenes y causas tanto se está escribiendo en estos días, se explica fácilmente con un serio examen de la evolución del mismo movimiento fascista.

Los Fasci di Combattimento nacieron, apenas acabada la guerra, con el carácter pequeño burgués intrínseco a las diferentes asociaciones de veteranos de guerra que vieron la luz por esos años. Por su carácter de férrea oposición al movimiento socialista, herencia en parte de la lucha entre el Partido Socialista y las asociaciones intervencionistas durante la guerra, los *fasci* consiguieron el apoyo de los capitalistas y de las autoridades. Su afirmación, que coincidió con la necesidad de los propietarios agrícolas de procurarse una Guardia Blanca contra la creciente presencia de las organizaciones obreras, permitió al sistema de bandas creadas y armadas por los latifundistas recibir la misma etiqueta que los *fasci,* a la que confirieron, a medida que se desarrollaban, la misma característica de Guardia Blanca del capitalismo contra los órganos de clase del proletariado.

28 Artículo publicado en *L'Ordine Nuovo*, 25 de agosto de 1921.

El fascismo conservó siempre este pecado original. El fervor de la ofensiva armada impidió hasta hoy que se agravara el encontronazo entre los núcleos urbanos —pequeño burgueses y así mayormente parlamentarios y colaboracionistas— y los rurales, formados estos por terratenientes grandes y medianos y por los propios colonos, interesados en luchar contra los campesinos pobres y sus organizaciones. Aquel mundo rural es del todo antisindical, reaccionario, y confía más en la acción directa que en la autoridad del Estado y en la eficacia del parlamentarismo.

En las zonas agrícolas del centro y del norte de Italia (Emilia, Toscana, Venecia o Umbría) es donde el fascismo más se desarrolló y alcanzó, con el apoyo financiero de los capitalistas y la protección de las autoridades civiles y militares del Estado, un poder incondicional. Si por un lado la despiadada ofensiva contra los organismos de clase del proletariado fue útil a los capitalistas —que en apenas un año pudieron ver cómo todo el aparato de lucha de los sindicatos socialistas se quebraba y perdía su eficacia—, es innegable que la violencia, al degenerar, ha acabado por granjearle al fascismo una difusa hostilidad entre las clases medias y populares.

Los sucesos de Sarzana, Treviso, Viterbo o Roccastrada sacudieron profundamente los núcleos fascistas urbanos,[29] personificados en Mussolini, pues comenzaron a ver un peligro en las tácticas siempre negativas que conllevaban las acciones de los *fasci* en las zonas rurales. Por otro lado,

29 Ciudades en las que se produjeron enfrentamientos entre fascistas y fuerzas del orden. El más significativo es el de Sarzana (21 de julio de 1921), que se vio tomada por un escuadrón de quinientos fascistas que cercaron la ciudad con la intención de liberar a dieciocho de los suyos. Los enfrentamientos entre fascistas, *carabinieri* y pueblo dejaron dieciocho muertos.

esta táctica había dado buenos resultados al llevar al Partido Socialista a un terreno transigente y favorable a la colaboración en la calle y en el Parlamento.

La pugna comenzó a manifestarse en ese momento de forma latente y profunda. Mientras los núcleos urbanos, colaboracionistas, ven alcanzado el objetivo que se habían propuesto, tal el abandono de la intransigencia clasista por parte del Partido Socialista, y corren a verbalizar la victoria con el pacto de la pacificación, los capitalistas agrarios no pueden renunciar a la táctica que les asegura la «libre» explotación de la clase campesina sin que les vengan a molestar huelgas ni organizaciones varias. Toda la polémica que sacude la esfera fascista entre favorables y contrarios a la pacificación se reduce a aquella pugna, cuyos orígenes hay que ir a buscarlos a los orígenes mismos del movimiento fascista.

La pretensión de los socialistas italianos, la de haber provocado la escisión del movimiento fascista con su hábil política de acuerdos y pactos, no es sino una prueba añadida de su capacidad demagógica. En realidad, la crisis fascista no es de hoy, es de siempre. Cesadas las razones contingentes que mantenían compactas las filas antiproletarias, estaba escrito que las disensiones se habían de manifestar luego de manera evidente. La crisis no es nada más que el afloramiento de una situación preexistente *de facto.*

De la crisis, el fascismo saldrá escindiéndose. La parte parlamentaria, con Mussolini a la cabeza, apoyándose en la clase media, en empleados y en pequeños comerciantes e industriales, intentará organizarse políticamente y se orientará hacia una colaboración con los socialistas y con los populares. La parte intransigente, que expresa la necesidad de la defensa directa y armada de los intereses capitalistas agrarios, proseguirá con sus características acciones antiproletarias. Para esta facción, la más importante por lo que hace a la clase trabajadora, no tendrá ningún valor el «pacto de la tregua» del que los socialistas presumen como de una victoria. La «crisis» supondrá solo el abandono del movimiento de los *fasci* de una pequeña parte de pequeño burgueses que han intentado, en vano, justificar el fascismo dándole un programa político general como si fuera un «partido».

Pero el fascismo, el verdadero, el que los campesinos y los obreros emilianos, vénetos y toscanos conocen por culpa de la dolorosa experiencia de los últimos años de terror blanco, continuará, aunque quizá con otro nombre.

Deber de los obreros y de los campesinos revolucionarios es aprovechar el periodo de relativa calma que se está dando, a raíz de las disensiones internas en las bandas fascistas, para infundir en las masas oprimidas e inermes una clara conciencia de la situación real de la lucha de clases y de los medios que son necesarios para derrotar a la prepotente reacción capitalista.

# XIII. ENTRE REALIDAD Y ARBITRIO[30]

En la carta con la que el vicesecretario general de los *fasci* ha dimitido de su cargo, y que tiene gran importancia por cuanto representa la expresión del pensamiento de todo el grupo colaboracionista del Parlamento capitaneado por Benito Mussolini, Cesare Rossi[31] critica con dureza la degeneración del movimiento fascista que han provocado los grupos agrarios: «Nuestra intrépida minoría de 1919 —escribe Rossi— ha sido arrastrada por las impetuosas olas que son las fuerzas nuevas que, sin ser culturales ni políticas, representaban obligatoriamente solo un estado de ánimo de artificio o de exaltación o intereses de clase, de casta o territoriales».

Por culpa de la acción de las fuerzas agrarias afiliadas al movimiento pequeño burgués formado por veteranos de guerra, el fascismo, «donde se ha convertido en fuerza dominante, se muestra puro, auténtico y exclusivo movimiento de conservación y de reacción». El vicesecretario de los *fasci* confirma

30 Artículo publicado en *L'Ordine Nuovo*, 26 de agosto de 1921.

31 Presentó su dimisión como vicesecretario de los Fasci di Combattimento al tiempo que Mussolini hacía lo propio desde las páginas de *Popolo d'Italia*, a mediados de agosto de 1921, y renunciaba a formar parte de la Commissione Esecutiva dei Fasci. Poco después se fundó el Partido Nacional Fascista.

nuestras observaciones acerca de la crisis del fascismo, representada por la división entre núcleos urbanos y núcleos rurales, y el problema no es de hoy, sino que es congénito al desarrollo del movimiento fascista.

Mussolini y su grupo de pequeño burgueses, de miembros de la clase media, no quieren que les relacionen con los núcleos agrarios intransigentes, los cuales, persistiendo en la táctica de la violencia armada antiproletaria, amenazan con enemistarlos con la opinión pública. El fascismo colaboracionista, sindicalista nacional, se preocupa, con toda la razón, por su base electoral.

El movimiento fascista se dirige a grandes pasos hacia la escisión. Del próximo congreso de los *fasci* saldrán dos fascismos. Las necesidades de la lucha antiproletaria justifican a ojos del capitalismo agrario que se mantenga la Guardia Blanca. El fascismo rural seguirá y proseguirá su evolución reaccionaria mientras duren los motivos que justificaron su creación y su confirmación. En este aspecto, el fascismo se identifica con el capitalismo agrario en la lucha contra los proletarios de las zonas rurales.

¿Qué futuro le espera a la sección colaboracionista de Mussolini que Cesare Rossi quiere llevar al terreno de los intervencionistas veteranos de guerra? El fascismo mussoliniano se propone explícitamente la organización política de las clases medias, de la «pequeña burguesía trabajadora»; quiere convertirse, según los propósitos de Agostino Lanzillo,[32] en un

32 A. Lanzillo (1886-1952) fue un líder sindicalista y profesor universitario de corte revolucionario primero, secuaz de Mussolini desde 1919, para pasar más tarde a disentir moderadamente del fascismo y quedar como intelectual orgánico del movimiento hasta 1944. Gramsci hace referencia al artículo «Cause, effetti, programmi» publicado en la revista *Popolo d'Italia* el 22 de mayo de 1921. En el artículo de Lanzillo se hace referencia a la violencia fascista, que este justifica mencionando la calidad de los diferentes cuadros políticos que lo forman y la «exuberancia juvenil de su conducta».

«partido central, equidistante tanto de los socialistas y de los populares como de la plutocracia y del gran capitalismo, más sensible —por educación y por tradición— que los otros dos grupos a las grandes ideas nacionales. Un partido que reúna en sí todo lo sano y bueno que tiene una burguesía renovada por la guerra».

Estos propósitos del grupo colaboracionista son consecuencia lógica de la posición que han tomado sus mayores exponentes con respecto a los problemas económicos, resultado de toda una teoría y de un programa acerca de la situación histórica italiana. «La realidad del mundo es capitalista»: esta es la base de los programas mussolinianos.

Pero Mussolini tiene un extraño y equivocado concepto de la realidad capitalista, de las actuales condiciones de desarrollo del capitalismo. Concibe la realidad capitalista como el reflejo de la vida industrial de hace unos años, de antes de la guerra, del periodo anterior a los *trusts* y a la concentración en la banca del capital industrial. El magnate industrial es una figura desaparecida, el empresario es una figura económica atrasada, su actividad se ha convertido en la que ejecuta un simple técnico.

La guerra ha acentuado este fenómeno. Las industrias se han ido desarrollando a medida que se iban concentrando bajo el control de los bancos. El empresario, el «industrial», ha desaparecido para dejar paso a las grandes sociedades anónimas, que invierten el dinero de los grandes bancos. Industriales son ahora los depositarios en las instituciones financieras, es decir, los grandes latifundistas, los terratenientes, los agrarios, que han invertido en ellas sus réditos con la intención de multiplicarlos. ¿Qué interés pueden tener estos en el desarrollo técnico y social de la industria?

Estos no se preocupan más que de los dividendos, aunque sea a costa de la ruina de industrias enteras.

La realidad económica es esta, no las concesiones arbitrarias de Mussolini. Su gravísimo error de valoración, su gran equivocación, imperdonable ignorancia para quien tiene el tic del realismo, condenan al líder fascista a ver fracasar todos sus esfuerzos por entrar —sea como sea— de manera activa en la realidad de las luchas políticas, que son reflejo de la realidad de las luchas económicas. El desarrollo del fascismo —no de su fascismo pequeño burgués y colaboracionista, sino de aquel que se identifica con el terror represivo de los capitalistas agrícolas, con la reacción armada que ha segado cualquier tipo de actividad proletaria en Emilia, Toscana, Venecia— ha concedido a Mussolini rango de mercenario medieval, de capitán de venturas o de un Majnó de medio pelo.[33]

Pero ahora que el fascismo se está resquebrajando como consecuencia natural del desarrollo de la lucha de clases, Mussolini y su facción están perdiendo la importancia «política» que tenían como jefes directos y representantes parlamentarios del movimiento antiproletario, sobre todo en las zonas agrícolas.

Mussolini y su grupo creen que su futuro está en dedicarse a la organización de las capas medias de la sociedad; esto es, en hacerse cargo del intento de las clases medias de resistir a la proletarización, que es el resultado al que conduce el desarrollo histórico del capitalismo.

33 Néstor Ivánovich Majnó (1884-1934), anarquista ucranio, luchó al mando de bandas de campesinos, primero al lado de los bolcheviques y luego, tras ser proscrito en 1920, contra el poder soviético.

# XIV. LEGALIDAD[34]

¿Cuáles son los límites de la legalidad? ¿En qué momento dejan estos de ser respetados? Dado el carácter del todo elástico que tiene el concepto de *legalidad*, resulta en verdad complicado fijar un límite. No hay gobierno que no crea que toda manifestación violenta contra él sobrepasa los límites de la legalidad. Empero, se puede afirmar que la legalidad la determinan los intereses de la clase que, en cada una de las sociedades, detenta el poder. En la sociedad capitalista, la legalidad está representada por los intereses de la burguesía. Cuando una acción tiende a socavar, sea como sea, la propiedad privada y los beneficios que se derivan de ella, esa acción se convierte en ilegal al instante. Esto es lo que sucede en sustancia; en la forma, la legalidad se presenta de manera bastante diferente. La burguesía, al conquistar el poder, ha concedido igual derecho de voto al patrono que al asalariado, y así, aparentemente, la legalidad ha ido apareciendo como si fuera un conjunto de normas libremente reconocidas por todas las partes que forman un agregado social. Hay quien, ahora, ha confundido

34 Artículo publicado en *L'Ordine Nuovo*, 28 de agosto de 1921.

la sustancia con la apariencia y dado, de este modo, vida a la ideología liberal-democrática. El Estado burgués es el Estado liberal por excelencia. Todos y cada uno pueden expresar libremente su pensamiento a través del voto. He aquí en definitiva a qué queda reducida la legalidad formal del Estado burgués: al ejercicio del voto. La conquista del derecho a voto por parte de las masas populares[35] pareció, a ojos de los ingenuos ideólogos de la democracia liberal, una conquista decisiva para el progreso social de la humanidad. No se tuvo en cuenta que la legalidad tenía dos caras: una interna, sustancial, y otra externa, formal.

Al confundir estas dos caras, los ideólogos de la democracia liberal han conseguido engañar, durante un tiempo, a las masas populares. Hicieron creer que el sufragio iba a liberar al pueblo de todas las cadenas que lo atenazaban. En esta ilusión no creyeron, por desgracia, solo los miopes asertores de la democracia liberal. Muchos que se reputaban y se reputan marxistas creyeron que la emancipación de la clase proletaria iba a producirse conquistando el derecho soberano al voto. Algún imprudente llegó a utilizar el nombre de Engels para apuntalar esta creencia. Pero la realidad ha echado por tierra todas estas ilusiones. La realidad ha mostrado, de la manera más evidente, que la legalidad es solo una y que existe solo hasta donde se concilia con los intereses de la clase dominante, es decir, en la sociedad capitalista, con los intereses de la patronal. En realidad, la experiencia adquirida sobre este asunto en los últimos años contiene abundantes e importantes enseñanzas.

35 La ley de 16 de diciembre de 1918 permitía ejercer el derecho al voto a todos los varones mayores de veintiún años. Las mujeres no pudieron votar en Italia hasta 1947.

La clase trabajadora, aprovechando su derecho al voto, conquistó un gran número de ayuntamientos y de gobiernos provinciales. Sus organizaciones consiguieron un considerable desarrollo numérico y lograron imponer acuerdos ventajosos para los obreros. Pero, el día en que ese derecho al voto y el derecho a organizarse se convirtieron en medios ofensivos contra la patronal, esta renunció a toda legalidad formal y obedeció solo a su verdadera ley, la ley de su propio interés y de su propia conservación como clase social. Los ayuntamientos han sido arrancados violentamente, uno a uno, a la clase trabajadora; las organizaciones han sido disueltas con el uso de la fuerza armada; la clase obrera y la clase campesina han sido despojadas de sus conquistas, posiciones demasiado amenazadoras para la existencia de la propiedad privada. Así surgió el fascismo, que se ha confirmado haciendo de la ilegalidad lo único legal. Nada de organizaciones políticas: solo la fascista; nada de derecho al voto si no es para darlo a los representantes agrícolas e industriales. He aquí la legalidad que reconoce la burguesía cuando se ve obligada a repudiar la legalidad formal. La experiencia de estos últimos años no está libre de enseñanzas para quienes creyeron honestamente en la eficacia de las garantías legales concedidas por el Estado liberal burgués.

Existe un punto en la historia en el que la burguesía se ve constreñida a repudiar lo que ella misma ha creado: este punto se ha verificado en Italia. No tener en cuenta las enseñanzas de esta experiencia, o es suma ingenuidad —merecedora de las sanciones más severas—, o es mala fe, que ha de ser castigada sin piedad. Un ejemplo lo encontramos en el caso de los políticos socialistas que dicen hoy maravillarse porque, por ejemplo, el señor ministro, su señoría Beneduce, no consigue que se respeten los convenios con los trabajadores. Para gente que dice estar todavía presente en el terreno de la lucha de clases, todo eso es un despropósito. ¿Es acaso lícito que un miembro de una organización política que afirma no haber renegado de los principios de la lucha de clases pueda preguntarle a un ministro de qué facultades dispone para impedir la violación que los patronos hacen de los contratos de trabajo? Preguntas semejantes no hacen sino sembrar dudas e incertidumbres en la clase obrera. Es natural que el ministro de Trabajo no tenga ninguna facultad más allá de ser un instrumento en manos de los latifundistas y de los industriales. Hasta que los políticos socialistas no sepan hacer nada mejor que interpelar al ministro de Trabajo y pedirle que llame al orden a los patronos para que respeten los convenios, la clase trabajadora seguirá sufriendo todo tipo de vejaciones sin poder siquiera organizar su propia defensa.

Los industriales abandonan las comisiones de arbitrio. Y esta es también una consecuencia lógica de la situación. Los industriales quieren para ellos todo el poder. Los industriales ya no quieren aceptar limitaciones de ninguna clase a su propia voluntad. Aceptaron las comisiones de arbitrio solo cuando el impulso revolucionario de la masa amenazaba su existencia. Ahora que la situación parece ser favorable a cualquier tipo de opción reaccionaria, los patronos no tienen necesidad de mostrar ningún escrúpulo. Han optado abiertamente por la vía de la recuperación integral y despótica del poder sobre la masa obrera. ¿Qué piensan hacer los políticos socialistas ante las intenciones de la patronal? Todo lo que saben hacer es denunciar ante la opinión pública la incompetencia de los patronos y la impotencia del ministro de Trabajo. Mientras tanto, la clase trabajadora sufre todas las consecuencias de la actitud patronal y de la incertidumbre de sus dirigentes, que interpelan al ministro de Trabajo al tiempo que aumenta el hambre, se multiplica la miseria y la reacción se refuerza. Los políticos socialistas, que durante la guerra estrechaban la mano ensangrentada de los generales de los comités de movilización, son los mismos que hoy piden la intervención y el socorro del ministro de Trabajo. Ayer se mostraban cómplices de los asesinos que desencadenaron la guerra al dar un frenazo al impulso revolucionario de la masa con las decisiones de las comisiones de arbitrio; hoy dejan indefensa a la clase trabajadora mientras por doquier los patronos ya no respetan los convenios y los violan a su gusto.

Solo la propuesta del Comité Sindical Comunista tiene capacidad para organizar la defensa obrera contra el asalto capitalista, solo uniendo todas las fuerzas proletarias en un ejército compacto se puede llegar a pensar en formar una oposición seria a los capitalistas que, como obedeciendo una consigna, se aprestan a reducir a la esclavitud a toda la clase trabajadora. Pero, para los señores políticos socialistas, incluso pedir que se respeten los convenios es hoy demasiado revolucionario.

# XV. LOS PARTIDOS Y LA MASA[36]

La crisis constitucional en la que se halla inmerso el Partido Socialista Italiano interesa a los comunistas en cuanto que esa crisis refleja otra constitucional más profunda en la que se debaten las grandes masas del pueblo italiano. Desde este punto de vista, la crisis del Partido Socialista no puede ni debe considerarse de manera aislada, pues es solo una parte de un problema más amplio que incluye también al Partido Popular y al fascismo.

Políticamente, la masa no existe si no está encuadrada en un partido político: los cambios de opinión que se producen en la masa a remolque de las fuerzas económicas determinantes son interpretados por los partidos, que se escinden primero en corrientes antes de escindirse en una multiplicidad de nuevos partidos orgánicos. A través de este proceso de desarticulación, de neoasociación, de fusión entre homogéneos, se revela un proceso más profundo e íntimo de descomposición de la sociedad democrática. La descomposición tiene su origen en el definitivo tomar partido de las clases en lucha bien por la conservación, bien

36 Artículo publicado en *L'Ordine Nuovo,* 25 de septiembre de 1921.

por la conquista del poder del Estado y del poder sobre el aparato productivo.

En el periodo entre el armisticio y la ocupación de las fábricas, el Partido Socialista ha representado a la mayoría del pueblo trabajador italiano, que está formado por tres clases fundamentales: el proletariado, la pequeña burguesía y los campesinos pobres. De estas tres clases, solo el proletariado era esencial y, por ello, permanentemente revolucionario; las otras clases eran «ocasionalmente» revolucionarias, eran «socialistas en tiempo de guerra». Aceptaban la idea de la revolución en términos generales gracias al sentimiento de rebelión antigubernativa germinado durante la guerra. Como el Partido Socialista estaba formado mayoritariamente por elementos pequeño burgueses y campesinos, podría haber hecho la revolución solo apenas firmado el armisticio, cuando los sentimientos de revuelta antigubernativa estaban vivos y activos. Por otro lado, al estar constituido el Partido Socialista mayoritariamente por pequeño burgueses y por campesinos (cuya mentalidad no es muy diferente de la de los pequeño burgueses urbanos), no podía sino mostrarse dubitativo, oscilante, falto de un programa claro y preciso, sin destino y, sobre todo, sin conciencia internacional. La ocupación de las fábricas, acción esencialmente proletaria, encontró desprevenido al Partido Socialista, pues este era solo parcialmente proletario y sufría, por culpa de las primeras apariciones fascistas, la falta de identidad que sufrían sus otras dos clases constituyentes. El final de la ocupación de las fábricas desbarató completamente al Partido Socialista: las creencias revolucionarias infantiles y sentimentales se olvidaron por completo. Los dolores causados por la guerra se habían atenuado parcialmente —¡no se hace la revolución por los recuerdos del pasado!—, el gobierno burgués se mostró todavía fuerte en la figura de Giolitti y en la actividad fascista, los jefes reformistas afirmaron que pensar en la revolución comunista era, en términos generales, una locura. Serrati afirmó que era una locura pensar, en aquellos tiempos, en una revolución comunista en Italia. Solo una minoría del partido, formada por la parte más avanzada y culta del proletariado industrial, no cambió su punto de vista comunista e internacionalista ni se desmoralizó por los acontecimientos cotidianos; no se dejó deslumbrar por la aparente robustez y energía mostrada por el Estado burgués. Así nació el Partido Comunista, primera organización autónoma e independiente del proletariado industrial, de la única clase popular esencial y permanentemente revolucionaria.

El Partido Comunista no fue de inmediato el partido de la gran masa, lo que demuestra una cosa: las condiciones de gran desmoralización y de gran abatimiento en las que se encontraba la masa como resultado del fracaso político de la ocupación de las fábricas. La fe se había apagado en buena parte de los dirigentes y lo que antes se exaltaba era ahora motivo de escarnio; los sentimientos más íntimos y delicados de la conciencia proletaria eran groseramente pisoteados por la oficialidad subalterna de dirigentes —ahora escéptica—, corrompida por el arrepentimiento y el remordimiento que le provocaba un pasado de demagogia maximalista. La masa popular, que poco después del armisticio se decantó hacia el Partido Socialista, se desmembró, se licuó, se dispersó. La pequeña burguesía que simpatizaba con el socialismo pasó a simpatizar con el fascismo; los campesinos —sin muchos apoyos entre las filas del Partido Socialista— simpatizaron más con el Partido Popular. Pero esta mezcolanza de los viejos efectivos del Partido Socialista, con los fascistas por un lado y con los populares por otro, tuvo sus consecuencias.

El Partido Popular se acercó al socialista y, en las elecciones parlamentarias, las listas abiertas de los populares acogieron por cientos y por miles los nombres de los candidatos socialistas en todas las circunscripciones. En las elecciones municipales celebradas en algunos ayuntamientos rurales, desde las elecciones legislativas hasta hoy, los socialistas a menudo no presentaron listas minoritarias y aconsejaron a sus simpatizantes votar a los candidatos populares. En Bérgamo, el fenómeno se manifestó de forma clamorosa: los extremistas populares se escindieron de la organización blanca y se fusionaron con los socialistas fundando una cámara del trabajo y editaron un semanario escrito y dirigido por socialistas y populares a la vez. Objetivamente, este acercamiento entre socialistas y populares representa un progreso. La clase campesina se unifica, adquiere conciencia y noción de su solidaridad difusa y rompe el disfraz religioso que cubre el bando popular, y rompe también el disfraz de cultura anticlerical pequeño burguesa que cubre el bando socialista. Gracias a esta tendencia mostrada por los efectivos rurales, el Partido Socialista se aleja aún más del proletariado industrial; así, es posible que vaya a romperse la fuerte ligazón unitaria que el Partido Socialista parecía haber creado entre el campo y la ciudad. Pero, como este vínculo no era real, de la nueva situación no emerge daño alguno. Una ventaja real sí se muestra de manera evidente: el Partido Popular sufre una fortísima desviación hacia la izquierda y se hace más laico, lo que provocará la escisión de su ala derecha, compuesta por grandes y medios terratenientes. Es decir, el Partido Popular entrará decididamente en el campo de la lucha de clases y debilitará de manera formidable las fuerzas del gobierno burgués.

El mismo fenómeno se adivina en el campo fascista. La pequeña burguesía urbana, reforzada políticamente por todos los tránsfugas del Partido Socialista, intentó tras el armisticio poner en acción la capacidad organizativa y militar adquirida en la guerra. La guerra italiana fue dirigida, en ausencia de un Estado Mayor eficiente, por los oficiales subalternos; esto es, por la pequeña burguesía. Las desilusiones sufridas durante la guerra despertaron fortísimos sentimientos de rebelión antigubernativa en esta clase social, la cual, perdida tras el armisticio la unidad militar de sus cuadros, se difuminó en los diferentes partidos de masa y los contaminó con fermentos de rebeliones, pero también con incertidumbre, oscilaciones, demagogia. En declive la fuerza del Partido Socialista tras la ocupación de las fábricas, la burguesía —veloz como un rayo y aupada por el mismo Estado Mayor que la había explotado durante la guerra— reconstruyó sus cuadros militarmente, se organizó a escala nacional. Maduración rapidísima, crisis constitucional rapidísima. La pequeña burguesía urbana, un juguete en manos del Estado Mayor y de las fuerzas más retrógradas del gobierno, se alió con los terratenientes y eliminó, por exigencias de estos últimos, las organizaciones campesinas. El pacto de Roma entre fascistas y socialistas marca el punto final de esta política ciega y políticamente desastrosa para la pequeña burguesía urbana, la cual comprendió que estaba vendiendo su «progenitura» por un plato de lentejas. Si el fascismo hubiera continuado con expediciones punitivas como las de Treviso, Sarzana, Roccastrada, la población se habría sublevado en masa y, en la hipótesis de una derrota popular, no habrían sido los pequeño burgueses quienes habrían alcanzado el poder, sino el Estado Mayor y los latifundistas. El fascismo se acerca de nuevo al socialismo, la pequeña burguesía intenta romper los vínculos con los grandes terratenientes, busca tener un programa político que acaba por parecerse extrañamente al de Turati[37] o D'Aragona.

Esta es la situación actual de la masa popular italiana: una gran confusión que siguió a una unidad artificial originada por la guerra y personificada por el Partido Socialista, una gran confusión que encuentra puntos de polarización dialéctica en el Partido Comunista, que es la organización independiente del proletariado industrial; en el Partido Popular, organización de los campesinos; en el fascismo, organización de la pequeña burguesía. El Partido Socialista, que, desde el armisticio hasta el momento de la ocupación de las fábricas representó la confusión demagógica de estas tres clases del pueblo trabajador, es hoy el máximo exponente y la víctima más conspicua del proceso de desarticulación (ante un nuevo y definitivo orden) que sufren las masas populares como consecuencia de la descomposición de la democracia.

37 Filippo Turati (1857-1932) fue un importante miembro izquierdista del Partido Socialista Italiano (PSI), del que fue expulsado en 1922.

# XVI. EL ORIGEN DEL GOBIERNO MUSSOLINI[38]

La crisis italiana, que se ha resuelto de manera violenta con la llegada del fascismo, se puede resumir como sigue.

La burguesía italiana ha conseguido organizar su propio Estado no tanto gracias a una fuerza propia e intrínseca como por haberse visto favorecida, en su victoria sobre las clases feudales y semifeudales, por una serie de circunstancias de alcance internacional: la política de Napoleón III entre 1852 y 1860, la guerra austro-prusiana de 1866, la derrota de Francia en Sedán y el desarrollo del imperialismo alemán, impulsado por dicha derrota francesa. El Estado burgués se ha ido desarrollando con lentitud y ha seguido un proceso que no se aprecia en otros países. El régimen italiano, antes de la guerra, no sobrepasaba los límites de un régimen constitucional, no se había producido todavía la división de poderes, las prerrogativas parlamentarias eran muy limitadas, no existían grandes partidos políticos de ámbito parlamentario. En ese momento, la burguesía italiana debía defender la unidad y la integridad del Estado contra

38 Artículo publicado en francés en *La correspondance internationale*, 20 de noviembre de 1922. Se publicó en italiano en A. Gramsci, *Sul fascismo*, Enzio Santarelli (ed.), Editori Riuniti, Roma, 1973, pp. 168-171. Se traduce con la edición francesa a la vista.

los repetidos ataques de las fuerzas reaccionarias, representadas sobre todo por la alianza de los grandes terratenientes con el Vaticano. La gran burguesía comercial e industrial, guiada por Giovanni Giolitti, intentó resolver el problema con una alianza entre todas las clases urbanas —la primera propuesta de colaboración gubernamental fue hecha a Turati a principios de siglo— con los jornaleros agrícolas. No se trataba, sin embargo, de un progreso parlamentario; más bien se trataba de una concesión paternalista de alcance inmediato que hacía el régimen a las masas trabajadoras organizadas en sindicatos y cooperativas agrícolas.

La guerra mundial arrasó con todas estas concesiones. Giolitti, en connivencia con la Corona, se había comprometido en 1912 a aliarse con Alemania en la guerra de 1914. La convención militar firmada en Berlín en 1912 por el general Pollio, jefe del Estado Mayor italiano, entró en vigor el 2 de agosto de 1914: el general se suicidó en el periodo que duró la neutralidad italiana, apenas la Corona se decantó por acercarse a la nueva orientación política favorable a la Entente. Giolitti fue descabalgado de manera violenta por los nuevos grupos de poder que representaban la industria pesada, los latifundistas y el Estado Mayor, que llegó incluso a urdir una conjura con la intención de asesinarlo.

Las nuevas fuerzas políticas, que debían seguir con la comparsa tras el armisticio, se consolidaron aprovechando los aires de guerra. Los campesinos se reagruparon en torno a tres organizaciones muy poderosas: el Partido Socialista, el Partido Popular (católico) y la asociación de excombatientes. El Partido Socialista reunía a más de un millón de jornaleros agrícolas y de medieros en Italia central y septentrional. El Partido Popular agrupaba a otros tantos pequeños propietarios y campesinos en esas mismas regiones.

Las asociaciones de excombatientes se hacían fuertes sobre todo en Italia meridional y en las regiones más atrasadas y carentes de tradición política. La lucha contra los grandes propietarios agrícolas pronto se hizo muy intensa en todo el país: se ocuparon las tierras y los amos se vieron obligados a huir a las capitales de las regiones (Bolonia, Florencia, Bari, Nápoles). Desde 1919 comenzaron a organizarse escuadras de burgueses para luchar contra la «tiranía de los campesinos» en el campo. Esta enorme sublevación de las clases trabajadoras rurales carecía de una consigna clara y precisa, de un orientación única, decidida y osada, de un programa político concreto.

El Partido Socialista debería haber dominado y aprovechado la situación, pero se le fue de las manos. El sesenta por ciento de los afiliados al partido eran campesinos; de los ciento cincuenta diputados socialistas, ciento diez habían sido elegidos en el medio rural; de los dos mil quinientos ayuntamientos con gobiernos socialistas, dos mil eran exclusivamente rurales; cuatro quintas partes de las cooperativas administradas por los socialistas eran de carácter agrícola. El Partido Socialista, por ideología y por programa, reflejaba el caos que reinaba en el campo y toda su actividad se reducía a declamaciones maximalistas, a declaraciones ruidosas en el Parlamento, a pegar carteles, a fanfarrias. Todos los intentos que, desde dentro del Partido Socialista, pretendían imponer la ideología proletaria y la preocupación por los problemas de los obreros fueron combatidos encarnizadamente con armas desleales. Así, en la sesión del Consejo Nacional Socialista celebrada en Milán en abril de 1920, Serrati llegó a decir que la huelga general que se estaba celebrando en ese momento en Piamonte y que estaba siendo secundada por los obreros de todos los ramos había sido provocaba artificialmente por agentes irresponsables enviados por Moscú.

En marzo de 1920, las clases pudientes comenzaron a organizar la contraofensiva. El 7 de ese mes se convocó en Milán la primera Conferencia Nacional de Industriales, que acabó dando pie a la Confederación General de la Industria Italiana. En el curso de esta reunión se elaboró un plan detallado y completo de acción capitalista unificada. Todo había sido previsto: desde la organización disciplinada y metódica de los fabricantes y de los comerciantes hasta el estudio minucioso de todos los instrumentos útiles en la lucha contra los sindicatos de los trabajadores, incluso la rehabilitación política de Giovanni Giolitti. A principios de abril la nueva organización conseguía su primer éxito político: el Partido Socialista declaraba anárquica e irresponsable la gran huelga en Piamonte, que se había convocado en defensa de los consejos de fábrica y con la voluntad de obtener el control operario de la industria. El partido amenazó con disolver la sección de Turín, organizadora de la huelga. El 15 de junio, Giolitti formaba un gobierno de compromiso con los terratenientes y el Estado Mayor y colocaba a Bonomi al frente del Ministerio de la Guerra. Comenzó entonces un trabajo febril de organización contrarrevolucionaria para hacer frente a la amenaza de la ocupación de las fábricas, aprobada incluso por los dirigentes reformistas reunidos en la conferencia de la Federación de Operarios Metalúrgicos (FIOM) que se celebró en Génova ese mismo año. En julio, el Ministerio de la Guerra, con Bonomi a la cabeza, comenzó la desmovilización de unos sesenta mil oficiales con estos términos: los oficiales seguirían percibiendo cuatro quintos de su paga, y una gran mayoría fueron enviados a los centros políticos más importantes con la obligación de afiliarse a los Fasci di Combattimento, que hasta ese momento eran una pequeña organización de elementos socialistas, anarquistas, sindicales y republicanos favorables a la participación de Italia en la guerra aliada con la Entente. El Gobierno de Giolitti hizo esfuerzos ímprobos para acercar la Confederación de la Industria a las asociaciones de los terratenientes, sobre todo a las de zonas centrales y septentrionales. Aparecieron entonces las primeras escuadras de fascistas armados y se llevaron a cabo los primeros ataques terroristas. La ocupación de las fábricas por parte de los obreros del metal se llevó a cabo en un momento en el que todo este proceso fascista estaba en gestación; el Gobierno de Giolitti fue obligado a mostrarse conciliador y prefirió recurrir a una cura homeopática antes que a una operación quirúrgica.

# XVII. PARLAMENTARISMO Y FASCISMO[39]

El real decreto que ha puesto el punto y final a la legislatura iniciada en el mes de mayo de 1921 acaba de ser publicado este 10 de diciembre. No sabemos todavía si el cierre de la sesión significa también el cierre de la legislatura. Esto dependerá más de la situación del Partido Fascista que de la situación política general.

Mientras escribimos este artículo, en todos los *fasci* locales se está llevando a cabo, bajo el control de los prefectos y la vigilancia de los *carabinieri*, la elección de los nuevos dirigentes del partido. Si las elecciones promulgan, como es probable vistas las medidas preventivas tomadas por el gobierno y por el Comité Central Provisional del Partido Fascista, la victoria del mussolinismo, las elecciones legislativas se celebrarán en la próxima primavera. Si el gobierno tiene la certeza de poder formar listas relativamente homogéneas de candidatos fascistas y de hacer que salga elegida una mayoría de la que no hubiera nada que temer, una vez

39 «Parlamentarismo e fascismo in Italia». Artículo publicado en francés en *La correspondance internationale*, 28 de diciembre de 1923. Se publicó en italiano en A. Gramsci, *Sul fascismo*, Enzio Santarelli (ed.), Editori Riuniti, Roma, 1973, pp. 183-188. Se traduce con la edición francesa a la vista.

celebradas las elecciones —siempre imprevisibles—, le será más fácil reducir la oposición al mínimo y conseguir un voto popular clamoroso en favor de los nuevos patronos del país. El gobierno está tomando ya medidas para que la voluntad del pueblo pueda expresarse en un terreno allanado. Por lo pronto, ha suprimido la poca prensa legal que le quedaba al Partido Comunista.

El actual Parlamento ha asistido a la liquidación progresiva de todos los partidos tradicionales de la pequeña y de la gran burguesía. La legislatura que se acaba se abrió con el Gobierno de Giolitti, quien, poco después, con el brillante concurso de D'Aragona, Turati y Modigliani, consiguió restituir a los capitalistas las fábricas ocupadas por los obreros metalúrgicos. El Parlamento abrió la legislatura con no más de una treintena de fascistas; en una de sus últimas votaciones se ha mostrado dispuesto a renovar los plenos poderes de Mussolini, y esto con una mayoría aplastante que contó con votos incluso del grupo parlamentario del Partido Popular.

Jamás, en ningún Estado burgués, se ha visto que un Parlamento cayera tan bajo. Nacido —apoyado en una avalancha de votos— para apagar las llamas de la guerra que en mayo de 1921 estaba incendiando Italia con gran violencia, este Parlamento no ha servido sino para demostrar la absoluta incapacidad de la democracia cuando se enfrenta al fascismo, pues ni siquiera ha podido impedir que, a pesar de ser un golpe armado apoyado en las fuerzas de la derecha, haya adquirido un aura de legalidad.

La verdad sea dicha, se ha de reconocer retrospectivamente que los tres gobiernos que han precedido la llegada del fascismo al poder abrigaban las buenas intenciones de obstaculizar el desarrollo del movimiento fascista y de restablecer una cierta legalidad democrática. Giolitti creyó que podría tratar la enfermedad fascista con el mismo método homeopático que había utilizado, en septiembre de 1920, con los obreros. Tras haber apartado del *fascio* a D'Annunzio sin muchas dificultades, creyó que podría acabar con él amenazando a Mussolini con revelaciones sensacionales. A pesar de su decreto de julio de 1921, que aumentaba hasta el absurdo los prohibitivos aranceles aduaneros y hacía grandes concesiones a los capitalistas y a los latifundistas, se obligó a Giolitti a hacerse a un lado empujado por la voluntad irreductible de la derecha reaccionaria.

Su sucesor en la Presidencia del Gobierno, Bonomi, pareció todavía más decidido: en Sarzana los *carabinieri* y en Módena la Guardia Real dispararon sobre algunas decenas de fascistas que habían intentado usurpar el puesto de las autoridades legales. Pero, ante la ofensiva inmediata de la reacción, que llevó al suicidio al general D'Amelio, comandante en jefe de la Guardia Real, el Gobierno de Bonomi, al verse privado de todos sus medios, y sin poder siquiera usar el Ejército regular para la seguridad personal de los diputados antifascistas, se vio obligado a crear una organización armada de tipo fascista llamada Arditi.[40] Esta fuerza se creó con la connivencia de los partidarios de Nitti y de los reformistas del grupo de Modigliani.

Y el Gobierno de Bonomi también cayó tras haber contribuido, con sus medias leyes, a sostener el crecimiento fascista. El tercer Gobierno, el de Facta, coronó la obra de sus predecesores. Facta, leguleyo de provincias, y Giolitti,

40 Un grupo de asalto que formó parte del Ejército regular italiano durante la Primera Guerra Mundial y que, en buen número, pasó a formar parte de las milicias paramilitares fascistas. Véase más abajo un capítulo, el XXVI, dedicado a estos «osados».

político insignificante, estaban obligados a enmascarar las grandes maniobras estratégicas de la democracia, defendida por un grupo demasiado fuerte de industriales y de banqueros de la Italia septentrional, para sofocar, con la ayuda del Ejército, el fascismo. Pero era ya demasiado tarde y las fuerzas de las que disponía la democracia eran insuficientes. A mediados de 1922, el Gobierno de Facta intentó reducir el cuerpo de los *Carabinieri* —que estaba bajo control directo del ministro de la Guerra, un terrateniente fascista de nombre príncipe de Scalea— para destinar la mitad, unos treinta mil, a la Guardia Real, subordinada a la Dirección General de la Policía, controlada por afines a Giolitti. A mediados de octubre, el jefe del Estado Mayor, el general Badoglio, todavía creía estar en condiciones de afirmar que el fascismo podía ser derrotado en quince días con los efectivos regulares de la Policía y del Ejército.

Los periódicos anunciaron, el 4 de noviembre de 1922, que Gabriele D'Annunzio iba a pronunciar un gran discurso en Roma con el que iba a provocar, paralelamente a la acción de los generales secuaces de Giolitti, un «movimiento de masa». Pero los fascistas estaban preparados para detener las movilizaciones tanto desde el punto de vista militar como desde el político. Consiguieron burlar incluso a Giolitti, a quien dejaron creer que la inminente crisis podía ser conjurada con una solución parlamentaria. Se pensó en formar un nuevo gobierno en el que no tuvieran cabida más de cuatro o cinco fascistas. Consiguieron también intimidar al rey y alejarlo de Facta y de Giolitti, y, aprovechando la confusión provocada por estas maniobras políticas, mandaron desfilar a sus tropas por la capital el 29 de octubre.

La mayoría parlamentaria que se había mostrado favorable a la política de los seguidores de Giolitti contra los fascistas y, a fuer de rigurosos, contraria a la formación de un gobierno de izquierdas abierta y decididamente antifascista, se arrodilló de golpe ante el garrote mussoliniano. La mayoría parlamentaria concedió a Mussolini los poderes que se había arrogado; encajó, sin pestañear, los insultos de los triunfadores; no emitió el menor gesto de protesta contra los métodos intimidatorios ni contra las venganzas personales del nuevo gobierno. Estos excesos llegaron a su momento álgido con el saqueo de la casa de Nitti y con el intento de asesinarlo durante la vigilia de la renovación de los plenos poderes otorgados a Mussolini.

La situación creada en el Parlamento italiano tuvo, obviamente, repercusiones diferentes en el grupo revolucionario de la cámara. Las medidas adoptadas por el Comité Ejecutivo del Partido Comunista contra el camarada Bombacci —retirarle el acta de diputado— son, por lo que hace a este caso, muy significativas. Bombacci creyó oportuno mantener, en sus relaciones con el gobierno fascista y con ocasión de la discusión de las relaciones comerciales entre Italia y Rusia, un lenguaje banalmente civilizado y digno de un político de pequeña envergadura. Sin embargo, la situación obligaba a tomar partido claramente a todo aquel que se creyera representante del proletariado revolucionario. Tras un año y medio de tergiversaciones, el gobierno italiano se decidió a presentar en el Parlamento un proyecto de acuerdo comercial con Rusia que, aunque suponía un paso adelante en relación con el acuerdo precedente, no reconocía *de iure* la República Soviética. El Consejo de los Comisarios del Pueblo había rechazado ratificar el tratado precedente precisamente porque no conllevaba tal reconocimiento *de iure.* El gobierno fascista, al entrar las negociaciones en esta nueva fase, obedeció a la presión ejercida por los capitalistas italianos, quienes intuían el hundimiento inmediato del capitalismo alemán y veían por ello amenazado el equilibrio económico europeo, a la vez que sufrían por la aparición de nuevos peligros económicos y políticos en zona y por culpa francesas. La política francesa pretendía obligar a Italia a una especie de vasallaje. Las negociaciones de Italia con Rusia están, de momento, inspiradas más por el deseo de ejercer presión sobre Francia e Inglaterra que por la voluntad real de establecer relaciones comerciales con la República Soviética.

Con todo lo anterior, el terrero era más que favorable para una ofensiva comunista que estableciera y denunciara de manera precisa:

–La ligereza de la política extranjera del gobierno fascista. Estrechamente vinculado a Francia, contribuyó a provocar la catástrofe económica de Alemania y, por consiguiente, llevó a una relación de servidumbre entre Italia y Francia.

–La política seguida por la Confederación General de la Industria Italiana en relación con el gobierno fascista y la manera en la que este fue obligado a aceptar los puntos de vista de los industriales.

–La intención antiimperialista de la República Soviética y la necesidad, para los países económicamente débiles deseosos de salvaguardar su independencia, de encontrar una posibilidad de colaboración económica y política con la Unión Soviética.

Los capitalistas, a través del organismo de su señoría Olivetti, secretario general de la confederación industrial, sostenían que si las nuevas negociaciones con Rusia han dado resultados hasta el momento es porque en este país se ha restablecido el capitalismo, pues los mismos bolcheviques prueban que *civilización moderna* es significado ineludible de «régimen capitalista».

El camarada Bombacci, en lugar de aportar a la discusión el orgullo y la dignidad del proletariado internacional vencedor en Rusia y que gobierna allí firmemente, dando alas cuando le convenía a esas formas de economía privada que no representan sino una ínfima parte de la economía nacional, llegó incluso a adular la revolución fascista y los delirios de grandeza de Mussolini con un discurso lleno de tópicos y de una banalidad entristecedora. Sí, es necesario recordar que, desde los comienzos de la andadura parlamentaria fascista, los trabajadores observaron con estupor y con dolor que Bombacci solo sabía conversar con esta gente —cuyas manos estaban manchadas de sangre proletaria— usando palabras de una deplorable cordialidad fraternal.

La amigable cortesía de la que hacía gala Bombacci en lo que respecta a sus «colegas» fascistas ha sido aprovechada de manera abundante por los periódicos oportunistas en las polémicas que mantienen contra nuestro partido. En una reunión fascista celebrada hace poco, el secretario general del *fascio,* Giunta, hablando de la «curiosa» costumbre de Bombacci, se ha permitido incluso, en tono jocoso, la ironía de ofrecerle el carnet del partido de Mussolini.

El Partido Comunista Italiano estaba obligado a acabar con este espectáculo indecoroso provocado por culpa de la debilidad de un camarada enviado al Parlamento por el heroico proletariado de Trieste para que ejerciera allí de diputado revolucionario.

# XVIII. EL PARTIDO POPULAR[41]

El esfuerzo al que la campaña electoral somete al Partido Popular merece ser estudiado con un poco de seriedad y examinado con una atención mayor de la que le dedican no solo los órganos del fascismo, sino también las demás formaciones políticas italianas. Se suelen estudiar a partir de ciertos automatismos las facciones en las que se divide el Partido Popular, y habitualmente se hace sin examinar las fuerzas vivas que componen las bases de dichas facciones. Por el contrario, con el Partido Popular es con quien mejor se aprecia que las palabras *derecha, izquierda, centro* no tienen ningún significado en sí mismas y que tienen valor solo si entran en relación con la estructura de los grupos sociales que, durante algún tiempo, se entremezclaron en el organismo unitario del partido. Creemos que la pregunta que debemos hacernos no es acerca de la prevalencia de la derecha o de la izquierda, sino si la campaña electoral permitirá a los diferentes grupos sociales encontrar su definición y su propio camino.

El fascismo considera un gran éxito el haber conseguido la separación del tronco unitario del partido de un

41 Artículo publicado en *L'Unità*, 22 de febrero de 1924.

grupo de «extrema derecha»; y se podría discutir si tienen razón o no. Con «grupo de extrema derecha» se refieren al grupo de viejos católicos reaccionarios: la aristocracia más afín al papado, los terratenientes, un tiempo vinculados no tanto por el respeto a la Constitución del Estado italiano como por la conservación del orden social existente. Que se trate de grupos constitucionales, *stricto sensu,* lo demuestra el hecho de que fueron el alma de la oposición clerical al Estado italiano en los primeros decenios de vida que siguieron a su nacimiento, pero se acercaron al Estado italiano solo cuando les pareció y fue necesario apoyarlo para evitar el empuje operario y campesino que luchaba contra él. Giolitti, el típico hombre de Estado conservador italiano, ya supo resolver el problema de vincular estos grupos con su figura de una manera mucho más brillante a la empleada por los fascistas. Su solución permitía a los católicos reaccionarios mantener las adhesiones populares que les proporcionaba el aparato democrático de la Iglesia, aprovecharse de este aparato en periodo electoral para luchar contra los partidos de clase y transformar las fuerzas así reunidas en un grupo de sostén permanente del Estado. El «pacto Gentiloni» era el esquema evidente de este sistema.

Mientras la extrema derecha reaccionaria se mantuvo en el seno del Partido Popular, la puerta a una solución de este tipo estuvo siempre abierta. Su escisión y la formación de un grupo político autónomo es posible que haya sido un éxito parlamentario de Luigi Sturzo contra el autoritarismo,[42] pero

**42** El presbítero Luigi Sturzo (1871-1959) fue el fundador del Partido Popular Italiano en 1919. En el congreso de 1923, un sector del partido concluyó que el concepto *popular* no casaba con el aspecto totalitario del fascismo. Se exilió en 1924.

ha desvelado el problema que supone el Partido Popular y las masas que lo secundan ahora de una manera diferente a la que seguían antes.

Del Partido Popular forma parte siempre la «derecha», y nosotros creemos que cabe allí también el llamado «centro». Es una derecha de profesiones liberales, de media y pequeña burguesía, la que en la posguerra ejerció con las clases populares una función análoga a la ejercida por los reaccionaros católicos con las masas simpatizantes del partido a través de las organizaciones eclesiásticas. Ha hecho aceptar a las masas un programa «reformista» contra el Estado, es decir, ha hecho creer que la satisfacción de sus necesidades de liberación económica y política se podía obtener sin agrietar los engranajes del Estado, sin sustituir un Estado burgués, sedicente liberal, por un Estado de obreros y campesinos, sin poner a los obreros y a los campesinos en la tesitura de la conquista del poder político. Aquel grupo es en verdad el responsable de la derrota cuyas consecuencias sufren tanto los campesinos populares como los socialistas, y su desazón política crece día a día porque día a día los mismos campesinos perciben que, hoy, un programa «reformista» no tiene ningún significado. El fascismo tiende a darle a la dictadura de clase burguesa una estabilidad y una permanencia que se derivan de la transformación abierta del Estado, sedicente liberal desde hace un tiempo, en órgano y forma de esta dictadura. Quien tenga un interés económico de clase que defender se encontrará el camino cerrado de manera inexorable. Todos los campesinos populares deben hoy, por ello, concluir lo que concluimos nosotros: no hay conquista posible si no es como resultado de una lucha que se proponga liberarse del gran y único obstáculo que es la dictadura fascista. El grupo burgués que ha organizado y dirigido políticamente la masa popular en la posguerra ve de este modo que su misión y su función tocan a su fin. Las diferencias entre su mentalidad y su programa, y la mentalidad y el programa de las masas que todavía son fieles al partido están abocadas a ser siempre más profundas a medida que el fascismo siga adelante, y esta profundización no podrá darse sino en la dirección indicada por nosotros.

Esta es la verdadera crisis del Partido Popular, una crisis encabezada por un grupo que ya no tiene capacidad de comprender ni de resolver el problema de las masas que secundan el partido. Y luego está la izquierda, para la que sirven las mismas reflexiones que hemos expuesto sobre la derecha. La única manifestación política de la izquierda ha sido la propuesta de abstención en las elecciones: una propuesta que es muestra de una mentalidad exclusivamente parlamentaria, contraria a la que debería ser propia de un partido de masas.

El Partido Popular continúa siendo, por el contrario, un partido de masa y no puede prescindir de la vida que llevan sus bases ni de la mentalidad que se desarrolla en ellas. Es inevitable que su oposición al fascismo sea vista por la masa como algo muy diferente a lo que ven y piensan los dirigentes, que sea vista como un indicio anunciador de unas intenciones de lucha que los líderes no contemplan. Y es inevitable que la divergencia acabe por llevar a crisis incluso más profundas que las actuales. Una solución aclaradora la tendremos solo cuando en el seno del partido se forme un grupo que tenga el coraje de reconocer que el programa «reformista» de los años pasados no tiene hoy ningún valor y que, si es cierto que las masas necesitan libertad y legalidad para crecer y para desarrollar sus conquistas económicas, no es menos cierto que la libertad y la legalidad hoy se conquistarán solo tras derrocar la dictadura fascista. Incluso para los populares, o al menos para aquellos que procuran el interés de las masas que los sostienen, el programa «reformista» debe resolverse en un programa de lucha, y de una lucha organizada no para conquistas ni reivindicaciones personales.

# XIX. «CAPO»[43]

No hay Estado que no sea una dictadura. Todo Estado ha de tener un gobierno formado por un número restringido de hombres que a su vez se organicen alrededor de otro dotado de mayor capacidad y de mayor clarividencia. Mientras sea necesaria la existencia del Estado, mientras sea históricamente necesario gobernar a los hombres —sea cual sea la clase dominante— existirá el problema que supone tener *capi,* tener un *capo.* Que algunos socialistas, que se definen todavía marxistas y revolucionarios digan además que quieren la dictadura del proletariado —cuando rechazan la dictadura de los *capi*, rechazan que el mando se individualice, se personalice—, que digan querer la dictadura pero no aceptarla en la única forma en que es históricamente posible no solo revela todo un programa político, sino toda una preparación «revolucionaria» teórica.

En la cuestión de la dictadura proletaria, el problema esencial no es el de la personificación física en las funciones

**43** Artículo publicado en *L'Ordine Nuovo*, 1 de marzo de 1924. Publicado posteriormente en *L'Unità* el 6 de noviembre de 1924 con el título «Lenin capo rivoluzionario».

de mando. El problema esencial consiste en la naturaleza de las relaciones que el jefe o los jefes tienen con el partido de la clase trabajadora, en las relaciones que se dan entre este partido y la clase trabajadora. ¿Son estas exclusivamente jerárquicas, son de tipo militar o son de carácter histórico y orgánico? El jefe, el partido ¿son elementos de la clase obrera, son una parte de la clase obrera, representan sus intereses y sus aspiraciones más profundas y vitales? O, por el contrario, ¿son una excrecencia, son una simple superposición violenta? ¿Cómo se ha formado el partido, cómo se ha desarrollado, qué proceso se ha seguido para elegir a los hombres que lo dirigen? ¿Por qué se ha convertido en el partido de la clase trabajadora? ¿Ha sido todo fruto de la casualidad? El problema es el del desarrollo histórico de la clase obrera, que va tomando forma lentamente en la lucha contra la burguesía, consigue algunas victorias y sufre muchas derrotas. El problema es no solo de la clase obrera de un país determinado, sino de la clase trabajadora mundial, con todas sus diferencias superficiales y sin embargo del todo importantes en cada uno de sus procesos temporales aislados, y con su sustancial unidad y homogeneidad.

El problema es el de la vitalidad del marxismo —el de su ser o no ser la interpretación más exacta y profunda de la naturaleza y de la historia—, de la posibilidad de que el marxismo añada a la intuición genial del hombre político un método infalible, un instrumento de extraordinaria precisión para explorar el futuro, para prever los movimientos de las masas, para dirigirlos y, así, controlarlos.

El proletariado internacional ha tenido y tiene aún un ejemplo vivo de partido revolucionario que ejercita la dictadura de clase; ha tenido y, por desgracia, ya no tiene el ejemplo vivo más característico y expresivo de qué es un líder revolucionario: el camarada Lenin.

El camarada Lenin fue el origen de un nuevo proceso de desarrollo histórico, pero lo fue porque era también el exponente y el último estadio individualizado de todo un proceso de evolución de la historia pasada; y no solo de Rusia, sino de todo el mundo. ¿Se convirtió por casualidad en líder del partido bolchevique? ¿Por casualidad el partido bolchevique se ha convertido en el partido dirigente del proletariado ruso y por tanto de la nación rusa? El proceso de selección ha durado treinta años, ha sido agotador y en ocasiones ha adoptado las formas aparentemente más extrañas y absurdas. La selección se ha producido, en el campo internacional, en contacto con las civilizaciones capitalistas más avanzadas de la Europa central y occidental, en las luchas de los partidos y de las facciones que formaban la II Internacional antes de la guerra. La selección continuó en el seno de una minoría del socialismo internacional y ha sido parcialmente inmune al contagio social-patriótico. Prosiguió en Rusia con la lucha por conseguir hacerse con la mayoría del proletariado, con la lucha por comprender e interpretar las necesidades y las aspiraciones de una clase campesina ingente y dispersa por un territorio enorme. Sigue activa todos los días, porque todos los días es necesario comprender, prever, proveer. Esta selección ha sido una lucha entre facciones, entre grupúsculos, lucha individual; ha significado escisión y reunificación, detenciones, exilio, cárcel, atentados. Y ha sido también resistencia contra la desilusión y contra el orgullo, ha significado pasar hambre cuando se tenían al alcance de la mano toneladas de oro, ha querido decir mantener el espíritu propio de un simple obrero aun sentado en el trono del zar, no desesperar cuando todo parecía perdido y volver a empezar con paciencia, con tenacidad, con sangre fría y con la sonrisa en los labios cuando los otros perdían la cabeza. El Partido Comunista Ruso, con su líder, Lenin, se había identificado tanto con el progreso del proletariado ruso, y por ello con el progreso de toda la nación rusa, que es imposible siquiera imaginar el uno sin el otro, el proletariado como clase dominante sin que el Partido Comunista sea el partido del gobierno y, claro, sin que el Comité Central del partido sea el inspirador de la política del gobierno, sin que Lenin sea el jefe del Estado. Incluso el parecer de la gran mayoría de la burguesía rusa que decía «una república con Lenin como líder pero sin el Partido Comunista sería nuestro ideal» tenía un gran significado histórico. Era la prueba de que el proletariado ejercía no solo un dominio físico, sino que dominaba también espiritualmente. En el fondo, de manera confusa, incluso el burgués ruso comprendía que Lenin no habría llegado a ser ni podría haber continuado siendo jefe del Estado sin el dominio del proletariado, sin que el Partido Comunista fuese el partido del gobierno. Su propia conciencia de clase impedía todavía al burgués reconocer, además de su derrota física e inmediata, su derrota ideológica e histórica; pero la duda le asaltaba ya, y esta duda se expresaba en la frase citada.

Pero queda otra pregunta por hacer: ¿es posible, hoy, en este periodo de revolución mundial, que existan *capi* fuera de la clase trabajadora? ¿Es posible que haya *capi* no marxistas y que no estén estrechamente conectados con la clase que encarna el desarrollo progresivo de todo el género humano?

Se ha instaurado en Italia el régimen fascista: tenemos a Benito Mussolini como *capo* del fascismo, tenemos una ideología oficial en la que el *capo* está divinizado, en la que se ha declarado infalible, en la que es el preconizado organizador e inspirador de un renacido Sacro Imperio romano. Vemos impresos en los periódicos, a diario, decenas y cientos de telegramas de homenaje enviados al *capo* por las vastas tribus locales. Veamos las fotografías: se trata de la máscara más impenetrable que pueda tener un rostro, y la hemos podido ver ya en los mítines socialistas. Conocemos esa cara: conocemos el giro de esos ojos en sus órbitas, que en años anteriores debía, gracias a su feroz automatismo, enfurecer a la burguesía y hoy al proletariado. Conocemos ese puño cerrado siempre amenazante. Conocemos toda esa gestualidad, todo este arsenal, y es comprensible que pueda impresionar y encender la sangre de los jóvenes de las escuelas burguesas. Esa representación es en verdad impresionante incluso si la observas de cerca, y sorprende. Pero *¿capo*? Tenemos el recuerdo de la Semana Roja de junio de 1914. Más de tres millones de trabajadores se manifestaron siguiendo la llamada de Benito Mussolini, que desde hacía un año —desde la masacre de Roccagorga— los estaba preparando para el gran día con todos los medios que la tribuna y los periódicos pusieron a disposición del entonces *capo* del Partido Socialista, el mencionado Benito Mussolini: desde la viñeta de Scalarini al gran proceso en el tribunal de Milán.[44] Tres millones de trabajadores se manifestaron, pero faltó el *capo,* que era Benito Mussolini. No estuvo como capo, aunque dicen que

44 El caricaturista Giuseppe Scalarini (1873-1948) fue colaborador habitual del órgano de prensa del PSI, *Avanti!,* cuando Mussolini formaba parte del partido. Por crítico, antimilitarista y socialista de viejo cuño acabó siendo perseguido por el fascismo. Con los hechos de Roccagorga, Gramsci recuerda el 6 de enero de 1913, cuando seis manifestantes murieron ante las fuerzas del orden de un Gobierno presidido por Giolitti. Mussolini publicó un artículo en el órgano citado, en el que calificaba la masacre de «asesinato de Estado»; fue llevado a juicio por ello.

estuvo como individuo y que, como tal, se mostró valiente y en Milán llegó a desafiar los cordones policiales y los fusiles de los *carabinieri*. No estuvo como *capo* porque, según su confesión, en el seno de la dirección del Partido Socialista no era capaz ni siquiera de enterarse de las intrigas de Arturo Vella o de Angelica Balabanoff.

Él era entonces, como lo es ahora, un concentrado de pequeño burgués italiano, rabioso, mezcla feroz de todos los detritos dejados en suelo nacional por varios siglos de dominación extranjera y eclesiástica. No pudo ser el *capo* del proletariado, se convirtió en el dictador de la burguesía. Esta ama, cuando se hace borbónica, los rostros amenazantes y espera ver en la clase obrera los mismos horrores que ella experimentaba al ver aquel girar de ojos y aquel puño cerrado dispuesto a la amenaza.

La dictadura del proletariado es expansiva, no represiva. Un movimiento continuo se verifica si evoluciona de la base a la cúpula, si es un continuo intercambio entre todas las capilaridades sociales, si es un movimiento humano continuo. El *capo* que hoy añoramos se encontró con una sociedad en descomposición —cenizas humanas—, sin orden ni disciplina tras cinco años de guerra que habían agotado la producción, fuente de cualquier tipo de vida social. Todo ha sido reordenado y reconstruido, desde la fábrica al gobierno, con los medios, bajo la dirección y con el control del proletariado, de una nueva clase, presente en el gobierno y en la historia.

Benito Mussolini ha conquistado el poder y lo mantiene con la represión más violenta y arbitraria. No ha tenido que organizar una clase social, solo el personal de una Administración. Ha desmontado algunas estructuras del Estado, pero más para ver desde dentro cómo funcionaban y hacerse práctico en el uso que por necesidad originaria. Toda su doctrina está concentrada en la máscara externa, en aquel giro de los ojos en sus órbitas, en el puño cerrado siempre dispuesto a la amenaza.

Roma tiene experiencia en estos escenarios polvorientos. Ha visto a Rómulo, ha visto a César Augusto y ha visto, en su ocaso, a Rómulo Augústulo.

# XX. EL VATICANO[45]

El Vaticano es, sin duda alguna, la organización privada más grande y poderosa que ha existido nunca. Tiene muchas características que lo hacen semejante a un Estado y está reconocido como tal por muchos gobiernos. Aunque la caída del Imperio austrohúngaro haya hecho disminuir considerablemente su influencia, el Vaticano sigue siendo una de las fuerzas políticas más eficientes de la historia moderna. La base organizativa del Vaticano se encuentra en Italia: aquí residen los órganos directivos de las organizaciones católicas, cuya extensa red se expande por una gran parte del globo terráqueo.

En Italia, el aparato eclesiástico del Vaticano está compuesto por unas doscientas mil personas, cifra imponente, sobre todo si se piensa que esta incluye miles y miles de personas dotadas de inteligencia, cultura y de una habilidad consumada en el arte de la intriga y en la preparación y conducción metódica y silenciosa de directrices políticas.

45 Artículo originalmente publicado en francés en *La correspondance internationale*, 12 de marzo de 1924. Se publicó en italiano en A. Gramsci, *Sul fascismo*, Enzio Santarelli (ed.), Editori Riuniti, Roma, 1973, pp. 220-224. Se traduce con la edición francesa a la vista.

Muchos de estos hombres encarnan las viejas tradiciones de organización de masas y de propaganda. El Vaticano es, por consiguiente, la fuerza reaccionaria más imponente de Italia, fuerza tan temible como insidiosa e inapresable: el fascismo, antes de perpetrar el golpe de Estado, se vio obligado a llegar a un acuerdo con él. Se suele decir que el Vaticano, aunque muy interesado en la llegada del fascismo al poder, se hizo pagar muy bien el apoyo concedido al *fascio.* El rescate del Banco de Roma, en el que estaban depositados los fondos eclesiásticos, ha costado, según dicen, más de mil millones de liras al pueblo italiano.

Como por lo general se habla del Vaticano y de su influencia sin conocer exactamente su estructura y su verdadera capacidad organizativa, no estará de más dar algunos detalles concretos. El Vaticano es un enemigo internacional del proletariado revolucionario. Es evidente que el proletariado italiano deberá resolver con sus propios medios el problema que supone el papado, pero es también evidente que no lo logrará solo y que necesitará el concurso eficaz del proletariado internacional. La organización eclesiástica del Vaticano refleja a las claras su vocación internacional y constituye la base del poder del papado en Italia y en el mundo. En Italia tenemos dos tipos de organizaciones católicas diferentes:

–La organización de masa, religiosa por excelencia, oficialmente basada en la jerarquía eclesiástica. Se trata de la Unión Popular de los Católicos Italianos o, como la llaman comúnmente los periódicos, Acción Católica.

–Un partido político: el Partido Popular Italiano, que por poco no entró en conflicto patente con Acción Católica al convertirse de hecho en una organización afín al bajo clero y a los campesinos pobres, mientras que aquella está en manos de la aristocracia, de los terratenientes y de las autoridades eclesiásticas de alto rango, reaccionarias y simpatizantes del fascismo.

El papa es el jefe supremo tanto del aparato eclesiástico como de Acción Católica. Esta última desconoce qué sea un congreso nacional ni otras formas de organización democrática, y no sufre, al menos oficialmente, tendencias, facciones y corrientes de ideas diferentes. Está construida de manera jerárquica desde la base hasta el vértice, mientras que, por el contrario, el Partido Popular es independiente oficialmente de las autoridades eclesiásticas, acoge en sus filas incluso a militantes no católicos —aun teniendo entre sus objetivos la defensa de la religión— y sufre las vicisitudes a las que está sujeto un partido de masa; ha sufrido más de una escisión, es un teatro de tendencias y luchas encarnizadas que reflejan los conflictos de clase de las masas rurales italianas.

El papa actual, Pío XI, es el ducentésimo sexagésimo sucesor de san Pedro.[46] Antes de ser elegido papa era cardenal en Milán y, desde el punto de vista político, pertenecía a esa clase de reaccionarios italianos conocidos con el nombre de «moderados lombardos», un grupo de aristócratas, de grandes propietarios y de grandes industriales colocados en el flanco derecho del *Corriere della Sera.* El papa actual, cuando era todavía Felice Ratti y cardenal en Milán, manifestó en repetidas ocasiones sus simpatías por el fascismo

**46** En realidad, Pío XI, nacido Achille Ambrogio Damiano Ratti (1857-1939), fue para la Iglesia católica el ducentésimo quincuagésimo noveno papa. Gramsci lo llama, en la versión francesa, Félicien Ratti.

y por Mussolini. Los «moderados» milaneses influyeron en Ratti, una vez elegido papa, para asegurarse su apoyo al fascismo en el momento en que se produjera el golpe de Estado.

En el Vaticano, el papa está secundado por el Sacro Colegio, compuesto por sesenta cardenales nombrados por el papa y electores a su vez del papa cada vez que el trono de san Pedro queda vacante. De estos sesenta cardenales, al menos treinta proceden siempre del clero italiano, con la intención de asegurar la elección de un papa italiano. Los españoles cuentan con seis cardenales, los franceses, con cinco… La administración internacional de la Iglesia está confiada a un colegio de patriarcas y de arzobispos que dirigen los diferentes ritos nacionales reconocidos oficialmente. La corte pontificia recuerda la organización gubernamental de un gran Estado. Unos doscientos funcionarios eclesiásticos presiden los diferentes departamentos y secciones, de los que forman parte diversas comisiones… La sección más importante es, sin duda, la Secretaría de Estado, pues dirige los asuntos políticos y diplomáticos del Vaticano. La dirige el cardenal Pietro Gasparri, que había ejercido antes las funciones de secretario de Estado en los papados de los dos predecesores de Pío XI. El Partido Popular se creó bajo su protección. Es un hombre poderoso, muy capaz y, según dicen, dotado de entendimiento democrático. Lo cierto es que ha sido el centro de los ataques de algunos periódicos fascistas, que han llegado incluso a pedir su dimisión. Veintiséis Estados tienen representación diplomática en el Vaticano y este, a su vez, está representado en treinta y siete.

En Italia, y sobre todo en Roma, se encuentra la dirección central de doscientas quince órdenes religiosas, de las que ochenta y nueve son masculinas y ciento veintiséis, femeninas. Muchas de ellas se remontan a más de mil e incluso de mil quinientos años y tienen conventos y congregaciones en todos los países. Los benedictinos, por ejemplo, que se han especializado en educación, tenían en 1920 en su orden siete mil cien monjes, repartidos en ciento sesenta conventos, y once mil ochocientas religiosas. La orden masculina está administrada por un primado y cuenta con los siguientes dignatarios: un cardenal, seis arzobispos, nueve obispos y ciento veintiún priores. Los benedictinos administran ochocientas iglesias y ciento setenta escuelas, ¡y no es sino solo una de las doscientas quince órdenes católicas! La Compañía de Jesús cuenta oficialmente con diecisiete mil quinientos cuarenta miembros: ocho mil quinientos cincuenta y seis padres, cuatro mil novecientos cincuenta y siete estudiantes y tres mil novecientos noventa y siete laicos. Los jesuitas son muy poderosos en Italia. Gracias a sus intrigas, consiguen a veces incluso influir en las filas de los partidos proletarios. Durante la guerra intentaron, con la intermediación de Francesco Ciccotti, entonces corresponsal de *Avanti!* en Roma y hoy secuaz de Nitti, que Serrati y *Avanti!* no continuaran la campaña contra su orden, que se había hecho con todas la escuelas privadas de Turín.

En Roma tiene su sede también la Congregación para la Difusión de la Fe, que con sus misioneros busca difundir el catolicismo en todo el mundo. Tiene a su servicio a dieciséis mil hombres y treinta mil misioneras, seis mil curas indígenas y veintinueve mil catequistas, esto solamente en los países no cristianos. Esta congregación administra además treinta mil iglesias, ciento cuarenta y siete seminarios con seis mil alumnos, veinticuatro mil escuelas populares, cuatrocientos nueve hospitales, mil ciento ochenta y tres ambulatorios, mil doscientos sesenta y tres orfanatos, y sesenta y tres imprentas.

La gran institución mundial llamada Apostolado de la Oración es otra creación de los jesuitas. Reúne a veintiséis millones de adeptos divididos en grupos de quince personas comandados por un «fervoroso» y una «fervorosa». El Apostolado de la Oración distribuye una publicación periódica que aparece en cincuenta y una ediciones diferentes, y en treinta y nueve idiomas, entre los cuales hay seis dialectos de India, uno de Madagascar… Cuenta con un millón y medio de abonados y tiene una tirada de diez millones de ejemplares. El Apostolado de la Oración es, sin duda, una de las mejores organizaciones de propaganda religiosa. Sería muy interesante estudiar sus métodos, pues consigue, con medios muy sencillos, ejercer una influencia enorme en grandes estratos de población rural exacerbando el fanatismo religioso y sugiriendo qué política conviene a los intereses de la Iglesia. Una de sus publicaciones, la más difundida, costaba antes de la guerra dos perras gordas al año: era un folleto ilustrado de intención política y religiosa. Recuerdo haber leído en 1921 el siguiente párrafo: «Rogamos a todos nuestros lectores que recen por los productores de azúcar, que están siendo atacados duramente por los llamados antiproteccionistas, que es lo mismo que decir por los masones y los ateos». Eran los tiempos en los que el Partido Demócrata llevaba a cabo una campaña activa contra el proteccionismo aduanero, lo que dañaba los intereses de los azucareros. Los propagandistas del libre comercio eran atacados con frecuencia, por esos años, por campesinos instigados por los jesuitas del Apostolado de la Oración.

# XXI. LA CRISIS DE LA BURGUESÍA[47]

La crisis política que ha desencadenado el asesinato de su señoría Matteotti está todavía en acto y no puede saberse qué nos deparará.[48]

Es una crisis que presenta muchas y diferentes facetas. Hacemos constar ante todo que se ha reavivado la lucha por el gobierno entre fuerzas adversarias dentro del mundo plutocrático y financiero. Unos pretenden conquistar y otros mantener una influencia predominante en el gobierno del Estado. A la oligarquía financiera reunida en torno a la Banca Commerciale Italiana se oponen aquellas fuerzas que antes pululaban alrededor de la quebrada Banca Italiana di Sconto y hoy intentan reconstruir su propio instituto financiero para contrarrestar la predominante influencia de

47 Artículo publicado con el título «La crisi della piccola borghesia» en *L'Unità,* 2 de julio de 1924.

48 Giacomo Matteotti fue secuestrado y asesinado por un escuadrón fascista el 10 de junio de 1924, cuando era secretario del Partito Socialista Unitario; algunos historiadores afirman que lo ordenó el propio Mussolini. Matteotti, en funciones de parlamentario, estaba investigando un asunto de comisiones ilegales entre empresas petrolíferas y familiares del líder fascista, a la sazón presidente del Gobierno.

aquella. Su consigna es la «formación de un gobierno de reconstrucción nacional» tras haber eliminado el lastre que son los promotores de la actual política financiera. Se trata, en esencia, de un grupo de tiburones no menos nefastos que los otros que, bajo la máscara de la indignación por el asesinato de Matteotti y en nombre de la «justicia», procuran el saqueo de las arcas del Estado. El momento es bueno y, naturalmente, no quieren dejarlo escapar.

Desde el punto de vista de la clase obrera, la cuestión más importante es otra: la fortísima repercusión que los acontecimientos de estos días han tenido en las clases medias y pequeño burguesas. La crisis de la pequeña burguesía se precipita.

Si tenemos en cuenta los orígenes y la naturaleza social del fascismo comprenderemos la enorme importancia de esta cuestión, pues está a punto de resquebrajar las bases de la dominación fascista. El giro imprevisto y el radical cambio de la opinión pública, polarizada en torno a los partidos de la llamada «oposición constitucional», hace que estos vuelvan a la primera fila de la lucha política. Los partidos deben ser conscientes, como debe serlo la clase trabajadora, de cuán necesaria es la lucha y de las condiciones que impone llevarla a cabo.

En el mundo obrero no ha faltado la inmediata repercusión que ha causado este movimiento de fuerzas: el proletariado ya no tiene la sensación de estar solo en la lucha contra el fascismo y esto, además del inmutable espíritu antifascista que lo empuja, hace que se sienta convencido de que la dictadura fascista podrá ser derrocada en un tiempo más corto del que se creía. El hecho de que la revuelta moral de toda la población contra el fascismo la hayan manifestado los proletarios con la convocatoria de huelgas, aunque parciales, como muestra enérgica de la lucha y el haber sentido la necesidad de convocarlas y luego creer que, bajo ciertas condiciones, es posible la convocatoria de una huelga general contra el fascismo demuestra que la situación está cambiando con una rapidez imprevista. Quien tenga dudas al respecto que se acerque a los centros obreros y compruebe cómo son recibidos los melancólicos comunicados de la Confederación General del Trabajo implorando calma y en los que se tilda de «elementos irresponsables» y de «agentes provocadores» a quienes hacen propaganda y llaman a la acción: este lenguaje nos habíamos acostumbrado a leerlo... en los boletines de la Policía.

A partir de la conducta y de la actitud que observan algunos partidos que se declaran hoy partidarios de la lucha antifascista se puede obtener una constatación inmediata: la impotencia de la oposición constitucional.

Estos partidos, en el pasado, con la oposición al fascismo intentaban atraerse a la pequeña burguesía y a ciertos sectores de esa clase que, viviendo al margen de la plutocracia dominante, sienten las consecuencias del predominio absoluto y aplastante en la vida económica y financiera del país que ejercen los plutócratas. Los burgueses prefieren sistemas de gobierno menos dictatoriales. Los partidos no fascistas pueden presumir hoy de haber conseguido el objetivo, que para ellos es la premisa que los anima a llegar hasta el final en la lucha contra el fascismo. Su acción, que en la situación actual debería tener una importancia decisiva, se muestra insegura, equívoca e insuficiente. Refleja en esencia la impotencia de la pequeña burguesía a la hora de afrontar ella sola la lucha contra el fascismo; impotencia determinada por un conjunto de razones de las cuales se deriva la actitud característica de esta clase, eternamente oscilante entre el capitalismo y el proletariado.

La burguesía cultiva la ilusión de resolver la lucha contra el fascismo en el terreno parlamentario, pero ha olvidado que la naturaleza fundamental del gobierno fascista es la de una dictadura armada, por muchos adornos constitucionales que el *fascio* intente colgarle a la milicia nacional. Esta, por su parte, no ha eliminado la acción violenta propia de sus escuadrones ni ha abandonado la ilegalidad: la verdadera esencia del fascismo reside en las fuerzas armadas que actúan por cuenta de la plutocracia capitalista y agraria. Derrocar a los fascistas significa, en definitiva, aplastar definitivamente esas fuerzas, lo que no se puede conseguir sino con la acción directa. Cualquier solución parlamentaria se revelará impotente. Cualquiera que sea el gobierno derivado de una solución así, se trate de una reorganización del gabinete de Mussolini o de la formación de un gobierno llamado democrático (lo que por otra parte es en verdad difícil), la clase obrera no podrá tener garantías de que sus intereses y sus derechos más elementales sean tutelados, ni siquiera en el marco aceptado de un Estado burgués y capitalista, hasta que aquellas fuerzas violentas no hayan sido destruidas.

Para conseguirlo es necesario luchar contra ellas en el único terreno que permite victorias decisivas, el de la acción directa. Sería una ingenuidad confiar esta cuestión al Estado burgués, sea liberal o democrático, pues no dudaría a la hora de apoyarse en aquellas fuerzas violentas si, llegado el caso, no se sintieran lo bastante fuertes como para defender por sí solos los privilegios de la burguesía y mantener atenazado al proletariado.

De todo lo anterior se deriva la siguiente conclusión: solo la clase trabajadora es capaz de llevar adelante la lucha contra el fascismo. Los hechos demuestran la mucha conexión que tenía con la realidad la actitud que adoptamos con motivo de las elecciones generales, cuando a la oposición constitucional enfrentamos la «oposición obrera» como única base real y eficaz para derrocar el fascismo. El hecho de que fuerzas no obreras hayan confluido en el frente de las luchas antifascistas no cambia nuestra afirmación, según la cual la clase trabajadora es la única que debe y puede dirigir esta lucha.

La clase trabajadora debe permanecer unida, y en la unidad encontrará la fuerza necesaria para afrontar la lucha. De ahí la proposición que hace el Partido Comunista a todas las organizaciones proletarias de convocar una huelga general contra el fascismo, de ahí esta nuestra toma de posición contra los impotentes llorones que son los socialdemócratas.

# XXII. LA CRISIS DE LA CLASE MEDIA[49]

La crisis radical del sistema capitalista, que comenzó en Italia a la par que en todo el mundo con la guerra, no ha sido saneada por el fascismo. El fascismo, con sus métodos represivos de gobierno, impidió toda manifestación política que revelara el alcance de la crisis general capitalista. Sin embargo, no ha sabido —ni mucho menos— combatirla, y aún menos promover una reactivación de la economía nacional. Los comunistas coincidimos con la opinión general cuando se afirma que la situación italiana actual se caracteriza por la quiebra de las clases medias. Es cierto, pero el asunto debe ser comprendido por todo lo que significa. La ruina de las clases medias es deletérea porque el sistema capitalista no se desarrolla sino en concomitancia con esporádicas contracciones, por lo que esa quiebra no es un fenómeno por sí mismo que pueda ser estudiado y que ofrezca conclusiones a las que se pueda llegar sin tener en cuenta las condiciones generales del sistema capitalista.

49 Artículo publicado en *L'Unità,* 26 de agosto de 1924. El texto fue escrito como informe presentado al Comité Central del Partido Comunista los días 13 y 14 de agosto de 1924. Se publicó también en *L'Ordine Nuovo* el 1 de septiembre de 1924 con el título «La crisi italiana».

Es la misma crisis que sufre todo el sistema capitalista, que no es ni será capaz de satisfacer las necesidades vitales del pueblo italiano, que no consigue que la gran mayoría de los italianos tengan asegurados pan y cobijo. Que la crisis de la clase media aparezca hoy en primer plano es solo un hecho político contingente, es solo la forma externa del periodo que, de hecho, llamamos «fascista». ¿Por qué? Porque el fascismo surgió y se afianzó sobre la base de esta crisis cuando aún era incipiente, porque el fascismo ha luchado contra el proletariado y ha llegado al poder aprovechándose y organizando la inconsciencia y el gregarismo de una pequeña burguesía ebria de odio contra la clase trabajadora, que era capaz, con la fuerza de su buena organización, de atenuar los desastres que la crisis capitalista le causaba.

El fascismo agoniza y muere porque no ha cumplido ninguna de sus promesas, no ha colmado ninguna esperanza, no ha aliviado la miseria. Ha limitado el empuje revolucionario del proletariado, ha disuelto los sindicatos de clase, ha reducido los salarios y aumentado las jornadas de trabajo. Todo eso no ha bastado para satisfacer al capitalismo ni para asegurar una vitalidad, aunque fuera reducida, al sistema capitalista: se hacía necesario, pues, reducir también el nivel de la clase media, necesario el espolio y el saqueo de la economía pequeño burguesa para, así, sofocar cualquier tipo de libertad, no solo la proletaria. Era necesario arrinconar no solo a los partidos proletarios, sino, también y especialmente y llegados a un punto, a todos los partidos políticos no fascistas, luchar contra todas las asociaciones que no estuvieran controladas directamente por el fascismo oficial.

¿Por qué la crisis de la clase media italiana ha tenido consecuencias más radicales que en otros países? ¿Por qué ha permitido el nacimiento del fascismo y que este llegara a tomar el poder del Estado? En nuestro país, por culpa del mediocre desarrollo de la industria y por su carácter local, no solo la burguesía es muy numerosa, sino que es la única clase que tiene un «alcance territorial» nacional. Acabada la guerra, la crisis capitalista asumió las formas de una desintegración profunda del Estado unitario y, por tanto, favoreció el renacimiento de una ideología confusamente patriótica que no veía otra solución sino la fascista, toda vez que en 1920 la clase obrera fracasó en el intento de crear, con sus propios medios, un Estado capaz de satisfacer las exigencias de unidad nacional de la sociedad italiana.

El régimen fascista agoniza porque ha sido incapaz de detener la crisis económica; es más, ha agudizado la crisis de la clase media iniciada apenas acabó la guerra. El aspecto económico de esta crisis tiene su base en la quiebra de las pequeñas y medianas empresas: el número de bancarrotas se ha multiplicado a gran velocidad en los dos últimos años. El monopolio del crédito, el régimen fiscal, la legislación sobre el alquiler han destruido la pequeña empresa de carácter comercial e industrial. Se ha producido un evidente paso de riqueza de las manos de la pequeña y mediana burguesía a las de la gran burguesía sin que haya habido un desarrollo del aparato productivo. El pequeño fabricante no es ni siquiera un proletario: es un hambriento perenne, un desesperado sin perspectivas de futuro. La violenta orden fascista que obligaba a los ahorradores a invertir el capital en una determinada dirección no ha dado a los pequeños industriales los beneficios que esperaban, y cuando creaba beneficios no hacía sino que la crisis se desplazara de un estrato social al otro. Se extendía así el descontento y la desconfianza, ya de por sí grandes, de los ahorradores ante el monopolio existente en el sector bancario, debilitado por los atracos a mano armada a los que los grandes empresarios se ven obligados a recurrir ante la angustia general de procurarse crédito.

En el campo, el proceso de la crisis está muy conectado con la política fiscal del Estado fascista. En estos últimos cuatro años, la renta media de una familia de medieros o de pequeños propietarios se ha agravado con un pasivo de unas siete mil liras por culpa de la subida de impuestos, el empeoramiento de las condiciones de arriendo… La crisis de la pequeña empresa de la Italia central y meridional se manifiesta con todos sus tópicos. En la crisis de la Italia Meridional intervienen otros factores: el más importante es la ausencia de emigración y el consiguiente aumento de la presión demográfica, que viene acompañada por una disminución de la superficie cultivada y, claro, de las cosechas. El año pasado, la cosecha de cereal supuso sesenta y ocho millones de quintales en toda Italia, que es superior a lo habitual en el conjunto de país, pero en el sur la producción fue inferior a la media. Este año, la cosecha ha sido inferior a la media en toda Italia y paupérrima en el sur. Las consecuencias no se han hecho evidentes de manera atroz por cuanto en la Italia meridional es manifiesto el retraso económico, que impide que la crisis se revele con toda su crudeza, tal y como sucede en los países de capitalismo avanzado. Sin embargo, en Cerdeña se han dado graves muestras de ese descontento popular hijo de las dificultades económicas.

El fascismo ha sido incapaz de contener la crisis general del sistema capitalista. Con el régimen fascista la capacidad de subsistencia del pueblo italiano ha disminuido.

Se ha producido una contracción del aparato productivo, al mismo tiempo que aumentaba la presión demográfica por la dificultad que conlleva la emigración transoceánica. Este aparato industrial reducido se ha podido salvar de un absoluto desmembramiento solo haciendo repercutir la crisis sobre el nivel de vida de la clase trabajadora, que ha visto cómo perdía calidad de vida por culpa de los recortes salariales, del aumento de la jornada de trabajo y de la inflación. Todo ello ha impulsado la emigración de los empleados cualificados o, lo que es lo mismo, ha traído un empobrecimiento de la calidad de la mano de obra, que era una de las grandes riquezas nacionales. La clase media, que había puesto en el régimen fascista todas sus esperanzas, ha sido arrasada por la crisis general; es más, se ha convertido en el paradigma de la actual crisis capitalista.

Estos elementos, aun descritos velozmente, sirven para recordar el alcance de la actual situación y que esta no lleva implícito ningún síntoma que invite a pensar en una mejora económica. Solo el proletario puede resolver la crisis económica italiana. Solo insertándose en una revolución europea y mundial podrá el pueblo italiano reconquistar la capacidad de hacer valer su potencial humano y volver a aportar sus fuerzas al crecimiento del aparato productivo nacional. El fascismo no ha hecho sino retrasar la revolución proletaria, no la ha hecho imposible, y ha contribuido además a ensanchar y fertilizar el terreno de la revolución proletaria, que tras la experiencia fascista será verdaderamente popular.

La disgregación social y política del régimen fascista ha tenido su primera manifestación masiva en las elecciones del 6 de abril. El fascismo es minoría en las zonas industriales, allí donde reside la fuerza económica y política que domina la nación y el Estado. Las elecciones del 6 de abril, al mostrar que la estabilidad del régimen era solo aparente, animaron a las masas, provocaron que algo se moviera en su interior, marcaron el punto de partida de aquella oleada democrática que culminó en los días inmediatamente posteriores al asesinato de su señoría Matteotti y que todavía hoy dan idea de aquel nuevo ánimo. La oposición adquirió tras las elecciones una importancia política enorme: la agitación que provocó en el Parlamento y a través de los periódicos con la intención de discutir y de negar la legitimidad del gobierno fascista intentaba disolver todos los organismos del Estado controlados y dominados por el fascismo, golpeaba con fuerza en el seno del Partido Nacional Fascista, resquebrajaba la mayoría parlamentaria. De ahí la inaudita campaña de amenazas contra la oposición y el asesinato del diputado «unitario». La oleada de repudio que provocó el atentado contra Matteotti sorprendió al partido fascista, que se estremeció de pánico y perdió los papeles: los tres documentos escritos por sus señorías Finzi, Filippelli y Cesarino Rossi,[50] y presentados a la oposición, demuestran cómo los mismos vértices del partido estaban perdiendo firmeza y acumulaban error tras error. Desde este momento, el régimen fascista agoniza; se mantiene en pie gracias a las llamadas fuerzas flanqueadoras, pero se mantiene del mismo modo que la cuerda sostiene al ahorcado.

El asesinato de Matteotti dio la primera muestra de que el Partido Fascista no se convertirá jamás en un partido

50 Tres de los muchos políticos fascistas sospechosos de estar detrás del asesinato del líder socialista. Entre los historiadores de aquella época se afirma que los memoriales exculpatorios aparecieron por doquier y, en muchas ocasiones, con el único fin de complicar las investigaciones.

de gobierno al uso, que Mussolini tiene de estadista y de dictador solo la pose pintoresca. No es un elemento de la vida nacional, es un fenómeno de folclore rural destinado a pasar a la historia más como una fantochada provincial italiana que como alguien semejante a Cromwell, Bolívar o Garibaldi.

La oleada popular antifascista provocada por el crimen Matteotti encontró una demostración política en el abandono del Parlamento por parte de los partidos de la oposición. La Asamblea de la Oposición se convirtió de hecho en un centro político nacional alrededor del cual se organizó la mayoría del país. Una crisis surgida de la indignación sentimental y moral consiguió tener también un marcado carácter institucional: se creó un Estado dentro del Estado, un gobierno antifascista contra un gobierno fascista. El Partido Fascista se demostró impotente para controlar la situación: la crisis lo embistió de lleno y causó una devastación entre sus filas. El primer intento de movilizar a la milicia nacional acabó en un rotundo fracaso y solo el veinte por ciento acudió a la llamada. En Roma, apenas ochocientos militares se personaron en los cuarteles. La llamada a la movilización tuvo resultados relevantes solo en algunas zonas agrícolas como Grosseto o Perugia, que mandaron a Roma algunas legiones dispuestas a emprender una lucha sangrienta.

La oposición se mantiene como punto de apoyo del movimiento popular antifascista y representa políticamente la oleada democrática que caracteriza esta fase de la actual crisis social italiana. Concordó con la oposición incluso la opinión de la mayoría del proletariado. Los comunistas teníamos el deber de impedir que una situación así se consolidara de forma permanente. Por eso nuestro grupo parlamentario quiso formar parte del Comité de la Oposición, aceptando y dejando claro el carácter precipuo que adquiría la crisis por razón de la existencia de dos poderes y de dos parlamentos. Si hubieran querido cumplir con su deber, como requería el movimiento popular, la oposición debería haber dado una forma política definida y clara a la situación que, era evidente, se había creado; pero rechazaron hacerlo. Habría sido necesario apelar al proletariado, el único capaz de dar sustancia a un régimen democrático; habría sido necesario fomentar el movimiento de huelgas espontáneas que se estaba perfilando. La oposición tuvo miedo de ser arrollada por una posible insurrección obrera y, en la campaña que pretendía mantener viva la protesta por el asesinato de Matteotti, rechazó salir del terreno puramente parlamentario en lo que atañía a la cuestión política y del terreno puramente legal por lo que hacía al proceso judicial. Los comunistas, que no podían aceptar la forma de coalición de partidos de la Asamblea, fueron obligados a abandonarla.

Nuestra inicial participación en la Asamblea y la posterior expulsión han traído estas consecuencias:

–Nos ha permitido superar la fase más aguda de la crisis sin perder contacto con la masa trabajadora. Si nos hubiéramos aislado, el partido hubiera sido arrollado por la oleada democrática.

–Hemos dividido el monopolio de la opinión pública que amenazaba con instaurar la oposición. Un sector cada vez mayor de la clase trabajadora cree que la coalición de la oposición representa un semifascismo que quiere reformar, dulcificada, la dictadura fascista sin hacer que el sistema capitalista pierda ninguno de los beneficios que le han proporcionado el terror y la ilegalidad en estos años gracias al descenso del nivel de vida del pueblo italiano.

La situación real, pasados dos meses, es la misma. El país tiene dos gobiernos de hecho y luchan el uno contra el otro por granjearse las fuerzas de la organización estatal burguesa. El resultado de la lucha dependerá de cómo se refleje la crisis general en el seno del Partido Nacional Fascista, de la toma de posición definitiva que adopten los partidos que forman la coalición de oposición, y de las acciones que emprenda el proletariado revolucionario guiado por el Partido Comunista.

¿Por qué está en crisis el fascismo? Para comprender su crisis dicen que conviene primero definir la esencia del fascismo, pero lo cierto es que el fascismo no tiene una esencia de fascismo en sí mismo. La esencia se la daba al fascismo, en los años 1922 y 1923, un determinado sistema de relaciones de fuerzas que se tejía en la sociedad italiana. Una vez cambiado en profundidad el sistema, se evapora buena parte de la «esencia». El hecho característico del fascismo consiste en haber conseguido construir una organización de masas para la pequeña burguesía, y es la primera vez en la historia que se da algo así. La originalidad del fascismo consiste en haber encontrado la forma adecuada de organización para una clase social que se ha mostrado siempre incapaz de cohesionarse o de tener una ideología unitaria: esta forma de organización es un ejército a su servicio. La milicia armada es el perno que sostiene al Partido Nacional Fascista, y no se puede desarticular la milicia sin disolver también el partido. No existe un partido fascista que convierta la cantidad en calidad, que sea un aparato para la selección política de una clase o un estrato social. Existe solo un agregado mecánico indiferenciado e indiferenciable desde el punto de vista de las capacidades intelectuales y políticas que vive solo porque gracias a la guerra civil ha conseguido una fortísima conciencia de grupo, burdamente identificada con la ideología nacional. El fascismo no ha ofrecido ni ofrecerá nada más allá de su organización militar, e incluso en el terreno militar lo que puede llegar a ofrecer es muy relativo.

Como hijo de estas circunstancias, el fascismo no es capaz de llevar a cabo ninguna de sus premisas ideológicas. El fascismo dice hoy que pretende la conquista del Estado, y al mismo tiempo afirma querer convertirse en un fenómeno ante todo rural. Es difícil comprender cómo puedan conciliarse ambas afirmaciones. Para conquistar el Estado es necesario ser capaz de sustituir la clase dominante en los puestos y en las funciones que tienen una importancia esencial para el gobierno de la sociedad. En Italia, como en todos los países capitalistas, conquistar el Estado quiere decir, ante todo, conquistar las fábricas, significa tener la capacidad de suplantar a los capitalistas en el gobierno de las fuerzas productivas del país. Esto lo puede llevar a cabo la clase trabajadora, no la pequeña burguesía, pues no tiene ninguna función esencial en el sector productivo y, en la fábrica, como categoría industrial, ejerce una función preeminentemente policial no productiva. La pequeña burguesía solo puede conquistar el Estado si se alía con la clase obrera y si acepta el programa de la clase obrera: organizar el Estado a partir de un sistema de sóviets que supere el parlamentarismo, organizar la economía nacional y la internacional con un sistema comunista y no capitalista.

La expresión «conquista del Estado» carece de sentido en boca de los fascistas; o quizá tenga solo un significado: idear un sistema electoral que otorgue la mayoría parlamentaria a los fascistas siempre y cueste lo que cueste. Cierto es que toda la ideología fascista es un entretenimiento para los *balilla,*[51] una improvisación de diletantes que, en el pasado y aprovechando una situación favorable, ilusionaba gregarios, pero que hoy está abocada a caer en el ridículo entre los propios fascistas. Residuo activo del fascismo es solo el espíritu militar de cuerpo cimentado en el peligro de que se desencadene una venganza popular. La crisis política de la pequeña burguesía, el paso de la gran mayoría de esta clase a las filas de la oposición, el incumplimiento de las medidas generales anunciadas por los capitostes fascistas..., todo ello puede reducir notablemente la eficiencia militar del fascismo, pero no puede anularla.

El sistema de las fuerzas democráticas antifascistas tiene gran fuerza porque se apoya en la existencia del Comité Parlamentario de la Oposición, que ha logrado imponer cierta disciplina a todo un arco de partidos que va del maximalista al popular. Que maximalistas y populares observen una misma disciplina y trabajen en el mismo plano programático, he aquí el trazo más característico de la situación. Este hecho hace lento y agotador el proceso de desarrollo de los acontecimientos y determina la táctica del conjunto de la oposición, que vive a la expectativa y funciona con lentas maniobras envolventes, trabaja con paciencia para agrietar las defensas del gobierno fascista. Los maximalistas, al formar parte del Comité y al aceptar la disciplina común, garantizan la pasividad del proletariado y aseguran a la burguesía —siempre en duda entre fascismo y democracia— que una acción autónoma por parte de la clase obrera no será posible sino mucho más adelante, cuando

51 Jóvenes fascistas impúberes alistados en grupos de enseñanza paramilitar.

se haya formado el nuevo gobierno y esté bien asentado; cuando un nuevo gobierno se sienta capaz de aplastar la insurrección de las masas populares desengañadas, de los fascistas, de antifascistas democráticos. La presencia de los populares garantiza una solución intermedia fascista-popular como la de octubre de 1922, que parece muy probable que acabe por llevarse a cabo —parece que impuesta por el Vaticano— en el caso de que los maximalistas abandonen la coalición y se alíen con nosotros.

El esfuerzo más grande que han hecho los partidos medianos (reformistas y constitucionales), ayudados por el ala izquierda de los populares, ha tenido hasta ahora estas intenciones: mantener en la misma alianza a los dos extremos políticos. El espíritu servil de los maximalistas se ha adaptado al papel del tonto de la comedia: los maximalistas han aceptado que en la oposición cuentan tanto como el Partido de los Campesinos[52] o los grupos de la revista *La Rivoluzione liberale.*

Los partidos más importantes de la oposición son los populares y reformistas, que tienen un mayor número de adeptos en la ciudad y en el campo. La influencia de estos dos partidos está apoyada por los constitucionales de Amendola, que acercan a la coalición amplios sectores del Ejército, de los combatientes y de la corte. Las tareas de agitación se reparten entre los partidos según su tradición en la materia y su tarea social. Los constitucionales, al querer la coalición aislar el fascismo, tienen la dirección política del movimiento. Los populares se ocupan de la campaña moral y siguen con atención el proceso judicial

**52** El Partito dei Contadini fue una organización de ámbito piamontés y en las elecciones de 1924 obtuvo el uno por ciento de los votos y cuatro diputados.

y lo involucrado que está el Partido Fascista en el asesinato de Matteotti; están también atentos a la corrupción y a la criminalidad que rodean al régimen. Los reformistas resumen estas dos actitudes y se mantienen en segundo plano para que la gente olvide su pasado demagógico, y aparecer redimidos, y con su señoría Amendola[53] y con el senador Albertini hacen muy buenas migas.[54]

El hecho de aparecer como un grupo compacto y unitario ha llevado a la oposición a éxitos considerables: es sin duda un éxito el haber acabado con el «apuntalamiento» del régimen, esto es, haber obligado a los liberales a separarse activamente del fascismo y a ponerles condiciones. Esta actitud ha tenido y tendrá consecuencias en el seno del fascismo y ha creado diferencias entre el Partido Fascista y la organización central de los combatientes. Pero ha conseguido también desplazar aún más hacia la derecha el punto de apoyo de la coalición opositora, es decir, ha acentuado el carácter conservador del antifascismo. Los maximalistas no se han dado cuenta; los maximalistas están dispuestos a ejercer de guardia pretoriana no solo de Amendola y de Albertini, sino incluso de Salandra y de Cadorna.[55]

53 Giovanni Amendola (1882-1926), líder liberal-democrático, fundó el partido antifascista Unión Nacional el día siguiente al asesinato de Matteotti. Murió apaleado.

54 Luigi Albertini (1871-1941) fue, además de senador vitalicio desde 1914, encuadrado como liberal-conservador, director del influyente *Corriere della Sera* en los primeros años del fascismo, del que fue despedido. Ejerció de padrino periodístico de Giovanni Amendola.

55 Antonio Salandra (1853-1931) fue presidente del Gobierno italiano entre 1914 y 1916. Siempre en las filas conservadoras, es paradigma del *establishment* político y universitario de los tiempos fascistas. Por su parte, Luigi Cadorna (1850-1928), jefe del Estado Mayor, representa el paradigma del Ejército italiano.

¿Cómo se resolverá está dualidad de poderes? ¿Se llegará a un pacto entre el fascismo y la oposición? Y, si el pacto es imposible, ¿iremos a la lucha armada?

No se puede excluir de ningún modo la posibilidad de un pacto, aunque sea muy improbable. La crisis que atraviesa el país no es fenómeno superficial ni sanable con pequeñas intervenciones y expedientes breves. Es la crisis histórica de la sociedad capitalista italiana, cuyo sistema económico parece insuficiente para satisfacer las necesidades de la población. No hay relación que no cause exasperación: todo el pueblo espera algo más que un simple acuerdo. Si se llevase a cabo, significaría el suicidio de los partidos democráticos más importantes. En el orden del día de la vida nacional se apuntaría al instante la necesidad de una insurrección armada con intenciones más radicales. El fascismo, por la naturaleza de su formación, no soporta colaboradores con igualdad de derechos y quiere solo siervos encadenados. Es imposible que exista una asamblea representativa en un régimen fascista; toda asamblea se convierte al instante en un cuartel de chusqueros o en el recibidor de un prostíbulo para suboficiales borrachuzos. La crónica de sucesos registra un continuo de episodios políticos que denotan el desmigarse del movimiento fascista, el alejamiento lento pero inexorable del fascismo de todas las fuerzas periféricas.

¿Llegaremos a un enfrentamiento armado? Tanto la oposición como el fascismo querrán evitar una guerra de grandes proporciones. Sucederá lo contrario de lo que ocurrió en octubre de 1922: entonces la Marcha sobre Roma fue un desfile coreográfico de un proceso molecular por el que las fuerzas vivas del Estado burgués (Ejército, Magistratura, Policía, prensa, Vaticano, masonería, corte) se afiliaron al fascismo. Si el fascismo se aferrara a la resistencia, solo podría ser derrotado tras una larga guerra civil en la que no podrían no tomar parte ni el proletariado ni el campesinado. Oposición y fascismo no la desean, y evitarán sistemáticamente que se dé pie a una lucha a muerte. El fascismo tenderá, por el contrario, a conservar una base formada por su organización armada, que estará dispuesta a entrar en combate apenas se intuya una nueva oleada revolucionaria, lo que está lejos de producir desplacer en los Amendola o Albertini, e incluso en los Turati o Treves.[56]

La representación del drama tiene fijada la fecha. Está preparada, con toda seguridad, para el día en que está prevista la reapertura de la Cámara de los Diputados. La coreografía militar de octubre de 1922 será remplazada por una todavía más vistosa coreografía democrática. Si la oposición no vuelve al Parlamento y los fascistas —como no se cansan de repetir— convocan a la mayoría parlamentaria en calidad de constituyente fascista, tendremos por un lado una reunión de la oposición y por el otro una lucha ficticia entre las dos asambleas.

Es posible, empero, que la solución la tengamos en el propio hemiciclo, adonde volverá la oposición en el caso, más que probable, de una escisión de la mayoría que lleve a Mussolini a quedar claramente en minoría. Asistiremos en este caso a la formación de un gobierno provisional de generales, senadores y expresidentes del Gobierno, a la disolución del Parlamento y al estado de sitio.

La crisis se seguirá desarrollando en el juicio por el asesinato de Matteotti, y seguiremos teniendo a propósito fases

56 Claudio Graziano Treves (1869-1933), político socialista cercano a Matteotti, fue enemigo de sangre de Mussolini, con quien se batió en duelo —a sable— en 1916. Murió exiliado.

de gran dramatismo, sobre todo cuando se publiquen los tres documentos de Finzi, Filippelli y Rossi, y las más altas personalidades del régimen sean arrolladas por la pasión popular. Todas las fuerzas vivas del Estado, y especialmente el Ejército, acerca de las cuales ya se ha comenzado a discutir, deberán tomar partido definitivamente e imponer la solución ya delineada y concertada.

¿Cuál debe ser la actitud política y la táctica de nuestro partido? La situación es «democrática» porque las grandes masas trabajadoras están desorganizadas, dispersas y fragmentadas en un pueblo indistinto. Sea cual sea la evolución inmediata de la crisis, solo podemos prever una mejora de la posición política de la clase obrera, pero no una lucha victoriosa por el poder. La tarea esencial de nuestro partido consiste en hacerse con la mayoría de la clase trabajadora. La fase que atravesamos no es todavía la de la lucha directa por el poder, sino una fase preparatoria, de transición hacia la lucha por el poder; una fase, en definitiva, de agitación, de propaganda, de organización. Todo ello no excluye que no vayan a producirse enfrentamientos cruentos y que nuestro partido no deba estar ya preparado y listo para afrontarlos; todo lo contrario. Pero incluso estos enfrentamientos deben enmarcarse en la fase de transición y ser utilizados como elementos de propaganda y de agitación destinados a conseguir una mayoría. Si en nuestro partido hay corrientes o grupos que quieran, por fanatismo, forzar la situación, tocará luchar contra ellos en nombre del interés de todo el partido, de los intereses vitales y permanentes de la revolución proletaria italiana. La crisis Matteotti nos ha enseñado mucho a este respecto. Nos ha enseñado que las masas, tras tres años de terror y de opresión, se han hecho muy prudentes y no quieren estirar más el brazo que la manga. Esta prudencia recibe el nombre de reformismo, se llama maximalismo, se llama «coalición de oposición». Está llamada a desaparecer, es cierto, y en un futuro cercano, pero de momento está presente y puede solo superarse si nosotros una y otra vez, en todas las ocasiones, siempre, mirando siempre hacia adelante, no perdemos el contacto con el conjunto de la clase trabajadora. Por ello debemos luchar contra las corrientes derechistas que busquen un acuerdo con la oposición, que intenten obstruir los progresos revolucionarios de nuestra táctica y detener los trabajos de preparación para la fase sucesiva.

La primera tarea de nuestro partido consiste en prepararse para resultar idóneo en el llevar a buen puerto su misión histórica. En todas las fábricas, en todos los pueblos debe haber una célula comunista que represente al partido y a la Internacional, que sepa trabajar políticamente y que lleve la iniciativa. Es necesario luchar contra una pasividad que se aprecia todavía en nuestros afiliados, contra la tendencia a tener cerrados los cuadros de nuestro partido. Debemos, por el contrario, convertirnos en un gran partido, debemos intentar atraer a nuestra organización el mayor número posible de obreros y de campesinos revolucionarios para educarlos en la lucha, para formarlos como organizadores y dirigentes de masa, para que crezcan políticamente. El Estado obrero y campesino se podrá construir solo si la revolución cuenta con muchos elementos cualificados políticamente. La lucha revolucionaria solo podrá alcanzar la victoria si las grandes masas están, en todas sus formaciones locales, organizadas y dirigidas por camaradas honestos y capaces. En caso contrario volveremos, como gritan los reaccionarios, a los años 1919 y 1920, es decir, a los años de la impotencia proletaria, a los años de la demagogia maximalista, a los años de la derrota de la clase trabajadora. Tampoco los comunistas queremos volver a vivir aquel bienio.

El partido debe llevar a cabo un gran trabajo en el ámbito sindical. Sin grandes organizaciones sindicales no se sale de la democracia parlamentaria. Los reformistas pueden querer pequeños sindicatos, pueden intentar formar solo asociaciones de obreros cualificados. Los comunistas queremos lo contrario de lo que persiguen los reformistas y hemos de luchar por reorganizar a las grandes masas. Es cierto que es necesario plantearse el problema de manera concreta y no solo aparente. Las masas han abandonado la idea sindical porque la Confederación General del Trabajo, aun teniendo una gran eficiencia política —en verdad no se trata sino de un partido unitario— no se preocupa por los intereses vitales de la masa. No podemos pensar en la idea de crear una nueva organización que tenga como objetivo suplir el desinterés de la Confederación. Sin embargo, podemos y debemos afrontar el problema que supone desarrollar, a través de las células presentes en las fábricas y en los pueblos, una actividad real. El Partido Comunista representa la totalidad de los intereses de la clase trabajadora: no somos un partido solo parlamentario. Nuestro partido lleva a cabo un verdadera y cierta tarea sindical, se pone al frente de las masas incluso en las pequeñas luchas cotidianas por el salario, por la jornada de trabajo, por la disciplina industrial, por los alojamientos, por el pan. Nuestras células deben presionar a las comisiones internas para que incorporen a su funcionamiento todas y cada una de las actividades proletarias. Es necesario, por tanto, suscitar un amplio movimiento en las fábricas que pueda evolucionar hasta crear una organización de comités proletarios urbanos elegidos directamente por las masas. En la crisis social que se avecina, estos comités deben ser el baluarte en el que estén protegidos todos los intereses de la clase trabajadora. Esta actividad real en la fábrica y en el pueblo revitalizará la idea sindical y volverá a conceder contenido y eficiencia al sindicato si, al mismo tiempo, se produce el retorno a la organización de todos los elementos de vanguardia que luchan contra los actuales dirigentes reformistas y maximalistas. Quien no pertenece al sindicato es, hoy, un aliado de los reformistas, no un militante revolucionario; podrá usar fraseología pseudoanarquista, pero no moverá un ápice las férreas directrices que se siguen en la lucha real.

Cuanto más el partido en su conjunto, esto es toda la masa de los afiliados, consiga llevar adelante su tarea esencial de conquista de la mayoría de los trabajadores y de transformación molecular de las bases del Estado democrático, mayores serán nuestros progresos en el camino de la revolución, mejor nos abriremos paso hacia la fase siguiente. Todo el partido, todos sus organismos, pero sobre todo con la prensa afín, deben trabajar de manera integral para obtener el máximo rendimiento del trabajo de cada uno de sus miembros. Hoy nos preparamos para la lucha general contra el régimen fascista. A las estúpidas campañas de prensa de los partidos de la oposición respondemos demostrando nuestra voluntad real de derrocar no solo al fascismo de Mussolini y Farinacci, sino también al semifascismo de Amendola, Sturzo, Turati. Para conseguirlo es necesario reorganizar las masas y convertirse en un gran partido, el único partido en el que las clases trabajadoras vean la expresión de su voluntad política, el bastión de sus intereses inmediatos y permanentes en la historia.

# XXIII. LA CAÍDA DEL FASCISMO[57]

Primero: existe un problema político contingente, y es el de derrocar al Gobierno presidido por Benito Mussolini. La oposición burguesa, que se ha planteado este problema de la manera más restringida posible —cree así que la tarea que tiene por delante es más fácil de llevar a cabo— se debate desde junio en un callejón sin salida. Pensar que se puede reducir la crisis del Gobierno de Mussolini a una crisis ministerial es absurdo. Ante todo, no podemos olvidar la existencia de la milicia, que obedece solo a Mussolini y que lo sitúa al margen del alcance de cualquier operación de carácter político al uso. Se lleva trabajando mucho tiempo para superar el obstáculo que supone la milicia, pero en el terreno equivocado. Se ha hablado con el Ejército, se ha llamado en causa al rey. Pero al final nos hemos encontrado de nuevo en la línea de salida. Mussolini no se va. Es más: aunque con la milicia se puedan hacer tratos a buen precio, apenas se pone encima de la mesa la cuestión de la salida del Gobierno de Mussolini aparece un problema no solo más grave, sino de carácter más decisivo.

57 Artículo publicado en *L'Ordine Nuovo,* 15 de noviembre de 1924.

¿Quién seguirá con el juicio por el asesinato de Matteotti? Un Gobierno de Mussolini no puede permitir que se siga adelante con el proceso. Los motivos son conocidos. Pero Mussolini tampoco puede dimitir, y no se irá hasta estar seguro de que no se le juzgará, ni a él ni a ninguno de los suyos. Estos motivos también son conocidos. No seguir con el proceso judicial —y no celebrar el juicio— quiere decir liberar, antes o después, pero más bien antes que después, a los detenidos, quiere decir ir hacia una insurrección de la opinión pública, quiere decir poner el gobierno a merced del primer chantajista y divulgador de documentos secretos y mantenerse altivo sobre el filo de la navaja. No seguir con el proceso significa dejar una herida abierta y la posibilidad de una «oposición moral» mucho más importante y eficaz, en muchos casos, que la habitual oposición política. Ahora, que la burguesía en «todas» sus facciones esté decidida a no hablar más ni del crimen ni del juicio con tal de poner a salvo su régimen es algo que no se discute. Se dice que el asunto de no remover el crimen de Matteotti se ha debatido en algunas de las reuniones de la oposición. Pero también es cierto que la campaña para que el delito no se acalle y el proceso se lleve adelante no puede dejarse en manos de un partido antiburgués; sí, por ejemplo, de un partido proletario. Silenciar el asunto no significaría acallar a treinta y nueve millones de italianos y que se olviden de él. Nada nuevo, pues, en el camino habitual. La política del fascismo y de la burguesía reaccionaria se encontraron delante un obstáculo inamovible el día en que la opinión pública se rebeló unánimemente a razón del crimen cometido contra Matteotti. Tras ello, Mussolini se vio sobrepasado por la insurrección hasta el punto de cometer algunos errores que deberían tener, y tendrán, consecuencias difíciles de predecir. Por mucho menos, en tiempos del caso Dreyfus —que no deja de ser un asunto semejante—, la sociedad y el Estado franceses fueron puestos a prueba con una incipiente revolución. Estaba en juego, dicen, algo más profundo que una simple cuestión moral, estaba en juego el problema de la rotación de clases y categorías sociales en el gobierno. En Italia, con los agravantes necesarios, también es así.

Y llegamos al segundo aspecto del problema, al problema sustancial, no del Gobierno Mussolini, de la milicia, del juicio o de cosas semejantes, sino del régimen en el que la burguesía ha necesitado apoyarse para detener la fuerza del movimiento proletario. Este segundo aspecto es, para nosotros y para cualquiera, esencial, y está conectado inseparablemente con el anterior. Es más, todos los dilemas y todas las incertidumbres y todas las dificultades que hacen imposible prever una solución controlada, como tienen en mente la oposición y los burgueses, son un síntoma de contrastes sustanciales profundísimos. En la base de todo ello está el problema intrínseco del fascismo, movimiento que la burguesía creía que iba a servir como simple «instrumento» reaccionario puesto a su disposición y que, por el contrario, una vez invocado y desencadenado es peor que el diablo, muestra su naturaleza indomable y sigue su camino a su aire. El asesinato de Matteotti, si lo que pretendía era defender el régimen, fue un inmenso error. El *affaire* del juicio, que nadie consigue resolver limpiamente, es una herida más grande en el flanco del régimen de la que, en 1924, pudiera infligir ningún movimiento revolucionario. El juicio es, por lo demás, expresión y consecuencia directa de la tendencia del fascismo a no dejarse utilizar como simple «instrumento» de la burguesía, a seguir adelante con la serie de intimidaciones, de violencia y de crímenes guiado por una razón de ser que acaba por no tener en consideración ni siquiera la conservación del régimen actual.

Esta es la cuestión que debemos estudiar y juzgar con más atención si queremos tener una línea que nos lleve a la solución del problema que estamos discutiendo. La tendencia del fascismo que hemos intentado caracterizar rompe la normal alternancia de periodos de reacción con periodos de «democracia» en un modo que induce a pensar que, en un principio, parece favorable a la conservación de una línea reaccionaria y a una férrea defensa del sistema capitalista, aunque esa tendencia puede acabar yendo en otra dirección. De hecho, hay elementos que influyen en la situación de modo contrario a lo que podría entenderse como un plan para la conservación del régimen burgués y del orden capitalista. Estos elementos son: la crisis económica, el descontento de la masa, la exasperación provocada por la presión fascista y policial. Se da una situación tal que, mientras los centros políticos de la burguesía no consiguen concretar programas que les conduzcan a la salvación, toma cada vez más cuerpo la intervención de las clases trabajadoras, por lo que el dilema fascismo-democracia lleva a una duda diferente: fascismo-insurrección proletaria.

Esta reflexión puede ser traducida en términos muy concretos. En junio, inmediatamente después del asesinato de Matteotti, el régimen fascista sufrió un golpe tan fuerte que la intervención fulgurante de una fuerza revolucionaria habría supuesto un verdadero peligro para su continuidad. La intervención no fue posible porque en los grupos de la mayoría la masa, o era incapaz de ponerse en movimiento o había sido aconsejada, bajo la influencia de los demócratas y de los socialdemócratas, para que optara por soluciones intermedias. Seis meses de incertidumbre y de crisis sin que se vislumbre una salida han acelerado inexorablemente el proceso de separación de las masas de los grupos burgueses, han fomentado las adhesiones al partido y a las tesis revolucionarias. La liquidación absoluta, y cada vez más cierta, de los argumentos de la oposición dará a este proceso un empuje definitivo. Entonces, incluso por lo que respecta a la masa, el problema de la caída del fascismo se presentará con toda su crudeza.

# XXIV. EL FASCISMO Y LA POLÍTICA[58]

[15] El fascismo, como movimiento de reacción armada cuya intención es disgregar y desorganizar a la clase trabajadora para inmovilizarla, se encuadra en la política tradicional desarrollada por la clase dirigente italiana y en la lucha del capitalismo contra la clase obrera. Esta es la razón por la que obtuvo el favor —en sus orígenes, en su organización y en su andadura— de todos y cada uno de los viejos grupos dirigentes, y sobre todo de los agrícolas, que fueron quienes más amenaza apreciaron en la presión que ejercía la plebe campesina. El fascismo tiene su base social en la pequeña burguesía urbana y en una nueva burguesía agraria surgida de la transformación de las propiedades agrícolas en algunas zonas: fenómenos de capitalismo agrario en Emilia, aparición de una categoría de medieros agrícolas, nuevas «concesiones de tierras», concentración parcelaria. Todo

58 Fragmento de la relación conocida como tesis de Lyon, presentada en enero de 1926 con motivo del congreso clandestino celebrado por el Partido Comunista de Italia. El título original de esta sección era «Il fascismo e la sua politica», y ocupaba los párrafos 15-18 de la relación. Se publicó en italiano en A. Gramsci, *Sul fascismo*, Enzio Santarelli (ed.), Editori Riuniti, Roma, 1973, pp. 304-310.

ello, y el hecho de haberse encontrado con la unidad ideológica y organizativa de unas formaciones militares en las que revive la tradición y el ardor guerrero (*arditismo*) y que actúan como guerrilleros contra los trabajadores, permite al fascismo concebir y llevar a término un plan de conquista del Estado, lo que no coincide con el *modus operandi* de las viejas clases dirigentes. Es absurdo hablar de revolución. Las nuevas categorías sociales que se reúnen alrededor del fascismo aportan sus propios ideales de origen, que no son otros sino una homogeneidad y una mentalidad general de «capitalismo emergente». Todo ello explica cómo es posible que se enfrenten a los políticos del pasado y cómo pueden justificar esta divergencia a partir de una construcción ideológica que contrasta con la idea tradicional de Estado y de las relaciones que este mantiene con los ciudadanos.

En esencia, el fascismo modifica el programa de conservación y de reacción que ha dominado siempre la política italiana únicamente porque tiene una manera diferente de concebir el proceso de unificación de las fuerzas reaccionarias. Sustituye la táctica de los pactos y los acuerdos por el proyecto de llevar a cabo una unidad orgánica de todas las fuerzas de la burguesía en un solo organismo político que esté bajo el control de una central única que debería dirigir, al mismo tiempo, el partido, el gobierno y el Estado. Este proyecto responde a la voluntad de resistir hasta el final cualquier ataque revolucionario y permite al fascismo conseguir adhesiones de la parte más intrínsecamente reaccionaria de la burguesía industrial y de los terratenientes.

[16] El método fascista de defensa del orden, de la propiedad y del Estado rompe la cohesión social y amenaza las superestructuras políticas incluso más de lo que lo hacen el

tradicional sistema de acuerdos o la política de izquierdas. Las reacciones que provocan esos métodos deben ser analizadas en relación con cómo se aplican, sea en el ámbito económico, sea en el campo político.

En este último, sobre todo, la unidad orgánica de la burguesía en el fascismo no se ha llevado a cabo nada más conquistado el poder. Se mantienen alejados del fascismo algunos centros del poder burgués opuestos al régimen. No ha sido absorbido el grupo de fieles que creen en la solución «giolittiana» a los problemas del Estado y que está conectado con un sector de la burguesía industrial y, con un programa reformista estilo *labour*, ejerce influencia en algunos estratos obreros y pequeño burgueses. Por otro lado, el programa que promueve fundar el Estado en una democracia rural meridional y en la parte «sana» de la industria septentrional (*Corriere della Sera*, «liberismo», Nitti) tiende a constituirse en una organización política de oposición al fascismo con las bases ancladas en las masas de la Italia meridional (Unión Nacional). El fascismo está obligado a luchar contra estos grupos supervivientes empleando grandes energías y a usar no menos en la lucha contra la masonería, a la que considera justamente centro de organización de todas las fuerzas tradicionales que sustentan el Estado. Esta lucha en curso, se quiera o no, nos ofrece indicios de ruptura en el bloque de las fuerzas conservadoras y antiproletarias, y puede, en determinadas ocasiones, favorecer el desarrollo y la afirmación del proletariado como tercer y decisivo factor de la vida política.

En el ámbito económico, el fascismo ejerce como instrumento de la oligarquía industrial y agrícola para concentrar en manos del capitalismo el control de todas las riquezas del país. Esto no hace sino provocar el descontento en la pequeña burguesía, que, con la llegada del fascismo, creyó llegado el momento de afianzar su dominio.

Se han adoptado una serie de medidas para favorecer una nueva concentración industrial: abolición del impuesto de sociedades, nueva política financiera y fiscal, endurecimiento de las medidas proteccionistas. Estas se complementan con otras que favorecen a los terratenientes y perjudican a los medios y pequeños cultivadores: impuestos, el dacio sobre el cereal, la «batalla del grano».[59] La acumulación que provocan estas medidas no es sinónimo de riqueza nacional, es expolio de una clase en beneficio de otra; o, lo que es lo mismo, saqueo de las clases medias y trabajadoras en favor de la plutocracia. La intención de favorecer la plutocracia se presenta con desfachatez en el proyecto que quiere legalizar, en el nuevo código de comercio, el régimen de las acciones privilegiadas. Con esta medida, un puñado de inversores financieros estará en condiciones de poder disponer, sin control, de ingentes cantidades de dinero procedente de los ahorros de la media y pequeña burguesía, a la vez que estos grupos se ven privados del derecho a disponer de su propia riqueza. En la misma dirección, pero con consecuencias políticas mayores, circula el proyecto de unificación de la banca emisora, que en la práctica supone la liquidación de los dos grandes bancos meridionales. Estos dos bancos cumplen hoy la función de absorber los ahorros de la Italia meridional y las remesas de los emigrantes (seiscientos millones); es decir, hacen lo que en el pasado hacía el Estado

59 Con la expresión *battaglia del grano* se conocen una serie de medidas aprobadas en junio de 1925 y que tenían por objetivo hacer de Italia un país autosuficiente en la producción de cereales. Fue uno de los primeros pasos de una economía autárquica que alcanzó su apogeo en 1935.

con la emisión de bonos del tesoro y, en cierta medida, la Banca Italiana de Descuento en el interés de un sector de la industria pesada del norte. Las manos que han controlado los bancos meridionales son las mismas de las clases dirigentes, que encontraron en este control una base real para su dominio político. La supresión de los bancos del sur como bancos de emisión hará que esta función pase a la gran industria del norte, controlada, a través de la Banca Comercial, por el Banco de Italia, y se acentuará, así, la explotación económica de tipo «colonial» y el empobrecimiento del sur. Se acelerará el lento proceso de alejamiento del Estado de la pequeña burguesía, en este caso la meridional.

La política económica del fascismo se completa con las leyes interesadas en apreciar la lira, sanear el presupuesto del Estado, pagar las deudas de la guerra y favorecer la entrada de capital angloamericano en Italia. En todos estos campos, el fascismo pone en práctica el programa de la plutocracia (Nitti) y de una minoría agroindustrial en perjuicio de la gran mayoría de la población, cuyas condiciones de vida empeoran progresivamente.

Corona toda la propaganda ideológica y toda la actividad política y económica del fascismo una tendencia al «imperialismo». Esta tendencia es la expresión de la necesidad que sienten las clases dirigentes agroindustriales italianas de encontrar fuera del territorio nacional los elementos que resuelvan la crisis de la sociedad italiana. Germina en el imperialismo una guerra que se llevará a cabo, en teoría, para promover la expansión italiana, pero que hará de Italia solo un peón en manos de uno de los dos grupos imperialistas que luchan por el dominio del mundo.

[17] La política fascista suscita profundas reacciones en la masa. El fenómeno más grave es el alejamiento cada vez más decidido de la población agrícola de la Italia meridional y de las islas del sistema de fuerzas que sostienen el Estado. La vieja clase dirigente local (Orlando, Di Cesarò, De Nicola...) ya no ejerce de modo sistemático su función de eslabón de conjunción con el Estado. La pequeña burguesía tiende, así, a acercarse al campesinado. El sistema de explotación y de opresión de la masa meridional ha sido elevado al máximo por el fascismo, lo que favorece la radicalización incluso de las categorías intermedias y pone sobre la mesa la cuestión meridional con toda su crudeza y como cuestión que quedará irresuelta hasta que no se produzca la insurrección del campesinado, aliado con el proletariado, en lucha contra los capitalistas y contra los latifundistas.

El bajo y el medio campesinado de otras zonas de Italia adquieren, aunque algo más lentamente, una función revolucionaria. El Vaticano, cuya intención reaccionaria ha sido asumida por el fascismo, ya no controla la población rural apoyándose en los sacerdotes, en Acción Católica y en el Partido Popular. Una parte del campesinado se ha puesto en pie y lucha por la defensa de sus intereses, animada por las mismas organizaciones dependientes de la autoridad eclesiástica, y ahora que se encuentra bajo la presión económica y política del fascismo acentúa su propia conciencia de clase y comienza a sentir que su destino es inseparable del que espera a la clase obrera. Indicio de esta tendencia es el fenómeno Miglioli.[60] Un síntoma en verdad interesante

60 Guido Miglioli (1879-1954) fue un político y activista en favor de los derechos del campesinado y de los jornaleros, ejerció de diputado y militó en el católico Partido Popular, del que fue expulsado en 1924. Se exilió pocos meses después de que Gramsci leyera esta relación en Lyon.

de esa tendencia es que las Organizaciones Blancas, al ser una facción de Acción Católica y, por ello, dependientes del Vaticano, se han visto obligadas a entrar en los comités intersindicales al lado de la Liga Roja, lo que es expresión de ese periodo proletario cuya llegada inminente a la sociedad italiana anunciaban los católicos desde 1870.

Por lo que hace al proletariado, la actividad que quiere disgregar sus fuerzas se ha topado con un límite en la resistencia activa de la vanguardia revolucionaria y en la resistencia pasiva de las grandes masas, que sigue siendo fundamentalmente clasista y amenaza con ponerse en movimiento apenas afloje la presión física del fascismo y se fortalezcan los estímulos que conlleva la conciencia de clase. El intento de provocar la escisión del proletariado proyectando en su seno la tarea de los sindicatos fascistas ha quedado en fracaso. Estos sindicatos fascistas, cambiando su programa, se han convertido en instrumentos directos para la represión reaccionaria al servicio del Estado.

[18] A los peligrosos bandazos y a los nuevos reclutamientos de fuerzas que ha provocado su política, el fascismo ha reaccionado haciendo gravar sobre el conjunto de la sociedad el peso de una fuerza militar y de un sistema de represión que tiene a la población atada al hecho mecánico de la producción, sin posibilidad de tener vida propia, de manifestar su propia voluntad y de organizarse para defender sus intereses.

La llamada legislación fascista no tiene otro objetivo que el de consolidar y hacer permanente este sistema. La nueva ley electoral, las modificaciones del ordenamiento administrativo con la introducción del *podestà* en los ayuntamientos rurales, etcétera, tienen la intención de poner fin a la participación de la masa en la vida política y administrativa de su ciudad. El control del asociacionismo impide cualquier forma permanente «legal» de organización popular. La nueva política sindical niega a la Confederación y a los sindicatos de clase la posibilidad de firmar convenios para, de este modo, alejarlos del contacto con la masa que se había organizado a su amparo. La prensa proletaria ha sido suprimida; el partido de clase del proletariado, reducido a una vida del todo ilegal. La violencia física y la persecución policial están a la orden del día, sobre todo en el mundo rural, para aterrorizar a la población y mantener una situación que pueda justificar el estado de sitio.

El resultado de esta compleja actividad reaccionaria y represiva es el desequilibrio entre la relación real de las fuerzas sociales y la relación de las fuerzas organizadas, por lo que una aparente vuelta a la normalidad y a la estabilidad se corresponde con una agudización de contrastes dispuestos a estallar en cualquier momento bajo nuevas formas.

# XXV. SUBVERSIVO[61]

El concepto puramente italiano de *subversivo* se puede explicar como sigue: una posición negativa y no positiva de clase. El «pueblo» siente que tiene enemigos y los identifica solo empíricamente en los llamados señores. En el concepto de señor queda mucho de la vieja aversión del campo hacia la ciudad, y la forma de vestir es un elemento fundamental de la distinción. Existe también la aversión a la burocracia, en la que se aprecia solo el Estado: el campesino y el propietario medio odian al funcionario —no al Estado, concepto que no entiende—, al que ven como una forma de señor, por mucho que desde el punto de vista económico el campesino es un alguien superior. De aquí la aparente contradicción por la cual para el campesino el señor es por lo general un «muerto de hambre».

Este tipo de odio genérico es todavía del tipo «semifeudal», no moderno, y no puede ser tomado como testimonio de conciencia de clase: se vislumbra, pero de hecho no es sino una posición negativa y polémica elemental. No

61 A. Gramsci, *Quaderni del carcere,* edición crítica de Valentino Gerratana, Einaudi-Istituto Gramsci, Torino, 1975, «Cuaderno 3», § 46.

solo no se tiene conciencia exacta de la propia personalidad histórica, sino que no se tiene siquiera conciencia de la personalidad histórica ni de los límites precisos del adversario. Las clases inferiores, históricamente a la defensiva, no pueden tener conciencia de sí mismas sino por negación, a través de la conciencia de la personalidad y de los límites de la clase del adversario. Este proceso se encuentra todavía en fase crepuscular, cuando menos a escala nacional.

Otro elemento que permite comprender el significado del término *subversivo* es el del estrato conocido como, en una expresión típica, muerto de hambre. Los muertos de hambre no son un estrato homogéneo, y si los identificamos de manera abstracta podemos cometer un error. En los pueblos, en las pequeñas ciudades de algunas regiones agrícolas conviven dos estratos diferentes de muertos de hambre: uno es el de los jornaleros agrícolas; el otro, el de los intelectuales de provincias. Estos jornaleros no tienen como característica fundamental su situación económica, sino su condición intelectual-moral. El campesino típico de estas regiones es un pequeño propietario o un mediero primitivo que paga el arriendo con la mitad, el tercio o incluso con dos tercios de la cosecha según la fertilidad y la posición de la finca, que posee algunos aperos de labranza, una yunta de bueyes y una caseta que por lo general ha construido él mismo en los días de asueto. Se ha procurado el capital necesario gracias a los años pasados en el extranjero o gracias al trabajo en la mina o tras servir un tiempo en los *carabinieri* o ejerciendo como doméstico de un gran propietario; esto es, «industriándose» y ahorrando. Por su parte, el jornalero o no ha sabido o no ha podido «industriarse», y no posee nada, es un muerto de hambre porque el trabajo a jornal escasea y es intermitente.

El muerto de hambre pequeño burgués ha sido una creación de la burguesía rural: la propiedad se reparte entre familias numerosas y acaba por liquidarse, pero los elementos de la clase burguesa no quieren trabajar manualmente. Se forma así un estrato famélico de aspirantes a empleos de poca monta en el ayuntamiento, de escribanos, de comisionistas, etcétera. Este estrato es un elemento perturbador de la vida rural, siempre ávido de cambios (elecciones), origina el «subversivo de pueblo» y, como está muy difundido, tiene cierta relevancia. Se alía por lo general con la burguesía rural contra los campesinos y pone a su servicio incluso a los «jornaleros muertos de hambre». Estos estratos se encuentran en todas las regiones y tienen ramificaciones también en el ambiente urbano, donde confluyen con la delincuencia profesional y la delincuencia ocasional. Muchos empleados de bajo rango que viven en la ciudad proceden socialmente de estos estratos y conservan la psicología arrogante del noble venido a menos, del propietario que está obligado a penar con el trabajo. La subversión en estos estratos tiene dos caras: una mira hacia la izquierda; la otra, hacia la derecha; pero el rostro que mira hacia la izquierda no es sino la cara del resentimiento. Se orientan siempre hacia la derecha en el momento decisivo y su valentía desesperada siempre prefiere tener a los *carabinieri* como aliados.

Otro elemento que debemos estudiar es el llamado «internacionalismo» del pueblo italiano: está relacionado con el concepto de *subversión*. En realidad no es más que un vago «cosmopolitismo» vinculado a elementos históricos muy concretos: el cosmopolitismo y el ecumenismo católicos medievales, que tenían su sede en Italia y que siguen vivos por razón de la ausencia de una «historia política nacional» italiana, por un escaso espíritu nacional y estatal en sentido moderno. En otro lugar he señalado que, sin embargo, existió y existe un particular chovinismo italiano y que está más extendido de lo que parece. Las dos observaciones no son contradictorias: en Italia, la unidad política, territorial, nacional tiene poca tradición. O quizá no tiene tradición, porque antes de 1870 Italia no fue nunca un cuerpo orgánico, e incluso su nombre, que en tiempos de los romanos designaba solo la Italia meridional y central que confinaba con los ríos Magra y Rubicón, en la Edad Media fue arrinconado por el nombre de Langobardia (véase el estudio de C. Cipolla sobre el nombre Italia, publicado en los *Atti dell'Accademia di Torino*). Italia tuvo y ha tenido, sin embargo, una tradición cultural que no se remonta a la Antigüedad clásica, sino al periodo que va de los siglos XIV al XVII, y que fue conectada con la época clásica por el Humanismo y el Renacimiento. Esta unidad cultural fue la base, muy frágil, a decir verdad, del Resurgimiento y de la unidad para concentrar alrededor de la burguesía a los estratos más activos e inteligentes de la población. Y constituye todavía el sustrato del nacionalismo popular: por razón de la ausencia en este sentimiento del elemento político-militar y político-económico —que forman la base de la psicología nacionalista francesa o alemana o americana— sucede que muchos de los llamados «subversivos» o «internacionalistas» son «chovinistas» en este sentido, y no piensan que estén cayendo en contradicciones.

Lo que es obligatorio, si queremos entender la virulencia que en ocasiones adquiere este chovinismo cultural, es señalar que en Italia el florecimiento de la ciencia, de las artes, de la literatura ha coincidido siempre con un periodo de decadencia política, militar y estatal. (Siglos XVI-XVII:

explicar este fenómeno de la cultura áulica y cortesana, es decir, cuando la burguesía de las ciudades Estado se mostraba decadente y la riqueza dejaba de tener origen en la producción y venía de la usura, y se daba una concentración del «lujo», que es el preludio de la completa decadencia económica).

El concepto de *revolucionario* y de *internacionalista,* en el sentido moderno de la palabra, se relaciona con el concepto exacto de Estado y de clase social: poca comprensión del Estado significa escasa conciencia de clase, pobre eficacia política de los partidos. Se comprende el significado del Estado no solo cuando lo defendemos, sino cuando lo atacamos para cambiarlo. Las bandas de gitanos, el nomadismo político no son hechos peligrosos, y por ello la subversión y el internacionalismo italiano no eran algo que se debiera temer. La subversión popular entra en relación con la subversión que viene de las élites, con el hecho de que no haya existido nunca una «esfera legal», sino solo una política de arbitrio, de camarillas en torno a una persona, de grupo.

Todas estas observaciones no pueden ser, naturalmente, categóricas y absolutas: intentan solo describir ciertos aspectos de una situación para poder valorar mejor la actividad que se desarrolla (o la pasividad, es decir, no haber comprendido las propias obligaciones). Estas reflexiones quieren dar un justo valor a los grupos que han logrado escapar de una situación así gracias a su comprensión y luego a una modificación en su ámbito.

# XXVI. LAS MILICIAS PARAMILITARES FASCISTAS[62]

La relación que mantenían en el bienio 1917-1918 las formaciones de *arditi* y el conjunto del Ejército puede llevar y ha llevado a los dirigentes políticos a errar a la hora de delinear un plan de lucha. Se suele olvidar: 1) que los *arditi* son simples formaciones tácticas y que presuponen la existencia de un ejército poco eficiente pero no del todo incapaz. Porque si la disciplina y el espíritu militar se han relajado hasta aconsejar una nueva disposición táctica es porque quedan residuos de disciplina y de ardor guerrero que necesitan de una nueva formación táctica, y es así porque de otra forma ya se habrían dado la derrota y la huida. 2) No hay que considerar el «arditismo» una muestra de la combatividad habitual en la masa militar, sino que, por el contrario, debe ser considerado señal de su pasividad y de su relativa desmoralización.

Todo sea dicho manteniendo implícito el criterio general de que el parangón entre el arte militar y la política

62 Fragmento, sin título, de un ensayo publicado en A. Gramsci, *Quaderni del carcere*, edición crítica de Valentino Gerratana, Einaudi-Istituto Gramsci, Torino, 1975, «Cuaderno 1», § 133.

se debe siempre establecer con prudencia, madurez y reflexión (*cum grano salis*). Esa comparación sirve solo como estímulo para el pensamiento y como generadora de términos simplificadores hasta la extravagancia (*ad absurdum*). De hecho, en la milicia política no existe el delito penal implacable para quien yerra o no obedece con precisión, no existe un proceso marcial, además de que el alineamiento político no se puede paragonar ni de lejos con el alineamiento militar.

En la lucha política no existen solo la guerra de movimiento, la guerra por asedio y la guerra de trincheras. El verdadero «arditismo», el moderno, es propio de la guerra de trincheras tal y como se ha desarrollado en la guerra de 1914 a 1918. También la guerra de movimiento y el asedio, habituales en periodos anteriores, tenían su porcentaje de osados. En cierto sentido lo eran la caballería ligera y la pesada, los *bersaglieri*; las escuadras ligeras tenían en general un componente de osadía. Por ello, en el arte de organizar las patrullas estaba intrínseco el germen del «arditismo» moderno. Este germen se podía encontrar más en la guerra de asedio que en la de movimiento: en el habitual servirse de patrullas y sobre todo en la capacidad de organizar asaltos por sorpresa y atacar por sorpresa con tropas elegidas.

Hemos de tener presente otra cuestión, y es que en la lucha política no se deben copiar simiescamente los métodos de lucha de las clases dominantes si no queremos caer en emboscadas fáciles. En la lucha actual es algo que sucede con frecuencia: una organización estatal débil es como un ejército sin fuerzas; y es entonces cuando entran en juego los osados, las organizaciones militares no estatales a las que se les han hecho dos encargos: actuar de manera ilegal como medio para reorganizar el Estado y hacer que el propio Estado parezca que no abandona la legalidad. Hacer creer que a la actividad paramilitar ilegal se puede contraponer otra semejante, es decir, combatir el «arditismo» con el «arditismo», es algo estúpido; es creer que el Estado queda eternamente inerte, lo que no sucede nunca. El carácter de clase social nos lleva a una diferencia fundamental: una clase que debe trabajar a diario y con un horario fijo no puede tener cuerpos de asalto permanentes y especializados como los tiene una clase que dispone de grandes recursos económicos y no tiene atados a todos sus miembros a un trabajo fijo. A cualquier hora del día y de la noche, ya prácticamente profesionalizados, esos cuerpos de asalto pueden ejecutar golpes decisivos y cogerte desprevenido. La táctica de los *arditi* no puede tener para unas clases la importancia que tiene para otras. A algunas clases les corresponde, porque les es propia, la guerra de movimiento y de maniobras; en el caso de la lucha política, puede combinarse a veces con un útil —y necesario— uso de la táctica propia de los *arditi.* Pero quedarse anclados en el método militar es propio de estúpidos: el arte de la política debe, también en esto, ser superior al arte militar; y solo la política crea la posibilidad de maniobra y del desplazamiento de tropas.

De todo lo anterior resulta que, en el fenómeno del «arditismo» militar, es necesario distinguir entre la función técnico-militar de los cuerpos especiales relacionados con la moderna guerra de trincheras y la función político-militar. Con el cometido de grupo especial militar, el «arditismo» se ha visto en todos los ejércitos participantes en la guerra mundial; con el cometido de ejercer como fuerza político-militar se hace fuerte en los países políticamente no homogéneos y en decadencia, los que tienen como expresión de su ser un Ejército nacional poco combativo y un Estado Mayor burocratizado y fosilizado en el escalafón.

# XXVII. CONCORDATOS Y TRATADOS INTERNACIONALES[63]

La capitulación del Estado moderno que se infiere de los concordatos se enmascara identificando con palabras diferentes los concordatos y los tratados internacionales. En el concordato se produce, de hecho, una interferencia en la soberanía de un solo territorio estatal, pues todos los artículos de un concordato hacen referencia a los *ciudadanos de uno solo* de los Estados contratantes, sobre los que el poder soberano de un Estado extranjero justifica y reivindica determinados derechos y poderes de jurisdicción (aunque se trate de una especial y concreta jurisdicción). ¿Qué poderes ha afirmado el Reich sobre el Vaticano en virtud del reciente concordato? Gracias a la fundación de la Ciudad del Vaticano se da una apariencia de legitimidad a la ficción jurídica, afirmando que el concordato es un tratado internacional bilateral normal.[64] Pero, como se estipulaban concordatos antes de que la Ciudad del Vaticano existiera,

**63** Ensayo publicado en A. Gramsci, *Quaderni del carcere*, edición crítica de Valentino Gerratana, Einaudi-Istituto Gramsci, Torino, 1975, «Cuaderno 16», § 11.

**64** El Estado de la Ciudad de Vaticano fue fundado como Estado independiente el 11 de febrero de 1929. El concordato con el Tercer Reich se firmó el 20 de julio de 1933.

queda claro que el territorio no es algo esencial para ejercer la autoridad pontífica. Solo en apariencia, porque mientras el concordato limita la autoridad estatal de una de las partes contrayentes —en su propio territorio— e influye y condiciona su legislación y su administración, no supone ninguna limitación para el otro Estado firmante. Si existe una limitación para esta segunda parte, quedará circunscrita a la actividad desarrollada en el territorio del primer Estado, sea por los «ciudadanos» de la Ciudad del Vaticano, sea por los ciudadanos del segundo Estado que se hacen representar por el Vaticano. Un concordato es, pues, un reconocimiento explícito de una doble soberanía en un mismo territorio estatal. Ya no se trata, de ningún modo, de la misma forma de soberanía supranacional (*suzeraineté*) que le era reconocida al papado en la Edad Media y que duró todo el periodo del absolutismo monárquico y se prolongó hasta 1848. No es idéntico, pero se trata de una derivación necesaria de compromiso.

Por otro lado, ni siquiera en los periodos de mayor esplendor del papado y de su poder supranacional las cosas fueron siempre sobre ruedas. La supremacía papal, aunque fuera reconocida jurídicamente, fue combatida muchas veces con dureza y, en la hipótesis más optimista, se reducía a los privilegios políticos, económicos y fiscales de los que se beneficiaban los obispados de cada uno de los países católicos.

Los concordatos van, de modo esencial, contra el carácter autónomo de la soberanía esperable en un Estado moderno. ¿Obtiene este Estado una contrapartida? Por supuesto, pero la obtiene en su propio territorio por lo que hace a sus propios ciudadanos. El Estado consigue (y en este caso sería más propio decir el gobierno) que la Iglesia no obstaculice el ejercicio del poder; es más, logra que favorezca ese ejercicio y lo sostenga con la fuerza con la que un cayado sostiene a un cojo. Es decir, la Iglesia se compromete a defender una determinada forma de gobierno, una forma determinada desde el exterior, como documenta el mismo concordato, y a promover el consenso de una parte de los gobernados que el Estado se reconoce explícitamente incapaz de obtener por sus propios medios. En esto consiste la capitulación del Estado, porque de hecho está aceptando la tutela de una soberanía extranjera a la que reconoce como superior. La misma palabra *concordato* es sintomática.

Los artículos publicados en *Nuovi Studi* sobre el concordato son de lo más interesantes y se prestan fácilmente a la confutación. (Recordar el «tratado» sufrido por la República Democrática de Georgia tras la derrota del general Denikin).

En el mundo moderno, ¿qué representa exactamente la situación creada en un Estado por lo estipulado en un concordato? Significa el reconocimiento público a una casta de ciudadanos del Estado de una serie de privilegios políticos. La forma no es la que se usaba en la Edad Media, pero la esencia es la misma. En el progreso de la historia moderna, aquella casta había visto cómo se atacaba y destruía el monopolio de función social que explicaba y justificaba su existencia. Hablamos del monopolio de la cultura y de la educación. El concordato reconoce de nuevo este monopolio, sea atenuado, sea controlado, porque le asegura a la casta posiciones y condiciones preliminares que con sus propias fuerzas, con la intrínseca adhesión de su concepción del mundo a la realidad factual, no podría ni tener ni mantener.

Se comprende así la batalla sorda y sórdida de los intelectuales laicos y laicistas contra los intelectuales de casta para poder salvaguardar su autonomía y su función. Pero es innegable la capitulación intrínseca y su separación del Estado. El carácter ético de un Estado concreto, de un determinado Estado, lo define la legislación vigente, y no las polémicas de los francotiradores de la cultura. Cuando aseguran que «el Estado somos nosotros», afirman solo que el supuesto Estado unitario es solo «supuesto», porque de hecho en su seno se ha producido una escisión muy grave, gravísima, desde el momento en que son los propios legisladores y gobernantes quienes la confirman implícitamente cuando sostienen que hay dos Estados: el de las leyes escritas y aplicadas, y el de las conciencias que íntimamente no reconocen la eficiencia de esas leyes e intentan, de manera sórdida, vaciarlas de contenido ético, si no es que procuran limitar su aplicación. Se trata de maquiavelismo de politicastros de tres al cuarto. Los filósofos del idealismo actual, especialmente los de la sección de papagayos amaestrados de *Nuovi Studi,* pueden incluirse entre las más ilustres víctimas del maquiavelismo.

Es útil estudiar la «división del trabajo» que se busca establecer entre la casta y los intelectuales laicos: a la casta se le encarga la educación intelectual y moral de los más pequeños (formación elemental y media); a los laicos les corresponde la educación de los universitarios. Pero la vida universitaria no está sujeta al monopolio que sufre la educación general básica. Tenemos ya una Universidad del Sagrado Corazón y se crearán otras de corte católico equiparadas por completo a las estatales. Las consecuencias son obvias: los colegios de educación básica y de bachillerato son la escuela popular de la pequeña burguesía, estrato social que está monopolizado educativamente por la casta; como la mayoría de sus elementos no llegan a la universidad, no conocerán la educación moderna en su fase superior crítico-histórica; solo conocerán la educación dogmática.

La universidad es la escuela de la clase (y del personal) dirigente, es el mecanismo a través del cual se realiza la selección de los individuos de otras clases dignos de incorporarse al personal gubernativo, administrativo, directivo. Pero con la existencia en igualdad de condiciones de universidades católicas, hasta la formación de estos cuadros dirigentes dejará de ser unitaria y homogénea. Y no solo eso: la casta, en sus universidades, llevará a cabo una concentración de cultura laico-religiosa como no se veía desde hacía decenios y se encontrará, de hecho, con condiciones mucho mejores a las que sufre la concentración laico-estatal. La eficiencia de la Iglesia, que se muestra como un bloque compacto en el sustento de su universidad, no se puede parangonar ni de lejos con la capacidad organizativa de la cultura laica. Si el Estado, incluso en el sentido lato de sociedad civil, no se muestra en una institución cultural que siga un plan centralizado —y no puede ni siquiera planteárselo, porque su legislación en materia religiosa es la que es y su ambigüedad no puede no favorecer a la Iglesia gracias a la densa y maciza estructura que esta tiene y al peso relativo y absoluto que emerge de tal estructura homogénea— y si los títulos emitidos por ambas clases de universidad quedan equiparados, es evidente que habrá una tendencia a que las universidades católicas se conviertan en el mecanismo selectivo de los elementos más inteligentes y capaces de las clases inferiores merecedores de ser aceptados entre las clases dirigentes.

Favorecerán esta tendencia: 1) el hecho de que no haya discontinuidad educativa entre la escuela elemental y la universidad católica, mientras que tal discontinuidad existe en el proceso educativo que llega hasta la universidad laico-estatal; 2) el hecho de que la Iglesia, en toda su estructura, está ya preparada para este trabajo de elaboración y selección desde abajo. Desde este punto de vista, la Iglesia es un organismo perfectamente democrático —en el sentido paternal del término—: el hijo de un campesino o de un artesano, si es inteligente y capaz y lo bastante dúctil para dejarse asimilar por la estructura eclesiástica y para comprender el peculiar espíritu de cuerpo orgánico que tiene, si comprende el particular sentido de conservación y la validez de los intereses presentes y futuros, puede (en teoría) llegar a ser cardenal o papa. Si en los estratos altos de la jerarquía eclesiástica el origen democrático es menos frecuente de lo que podría ser es por culpa de razones complejas en las que solo parcialmente incide la presión de las grandes familias aristocráticas católicas o la razón de Estado (internacional). Una razón es esta: muchos seminarios están bastante mal equipados y no pueden educar como es debido al pueblerino inteligente, mientras que el joven aristocrático recibe ya de su ambiente familiar, sin el esfuerzo que conlleva el aprendizaje, una serie de actitudes y de cualidades que son de primer nivel para cursar la carrera eclesiástica: la tranquila seguridad de la propia dignidad y autoridad, y el arte de tratar con y de gobernar a los otros.

En el pasado, una de las razones de la debilidad de la Iglesia, fue esta: la religión daba pocas posibilidades de hacer carrera fuera de la eclesiástica, el propio clero se deterioraba por culpa de las «escasas vocaciones» o de las vocaciones solo de elementos intelectualmente subalternos. Esta crisis era muy evidente antes de la guerra: era un aspecto de la crisis general de las carreras a rédito fijo con organismos lentos y pesados, esto es, demostraba la inquietud social que tenía el estrato intelectual subalterno (maestros, profesores de enseñanza media, sacerdotes), que sufría la competencia de las profesiones vinculadas al desarrollo de la industria y de la organización privada capitalista en general (periodismo, por ejemplo, que absorbe muchos profesores). Había comenzado la invasión de las escuelas de magisterio y de las universidades por parte de la mujer y, con ellas, de los curas, a quienes la curia (tras las leyes Credaro) no podía prohibir procurarse un título público que le permitiese presentarse incluso a empleos estatales y aumentar así las «finanzas» personales. Muchos de estos sacerdotes, apenas conseguido el título estatal, abandonaron la Iglesia. Durante la guerra, por razón de la movilización y del contacto con ambientes vitales menos sofocantes y angostos que los eclesiásticos, este fenómeno adquirió una cierta dimensión.

La organización eclesiástica sufría así una crisis constitucional que podía minar fuertemente su poder, sin necesidad de recurrir a una lucha activa contra ella si el Estado se hubiese mantenido fuerte en su posición laicista. En la lucha entre formas de vida, la Iglesia estaba a punto de morir de manera automática, por propio agotamiento. El Estado fue el salvador de la Iglesia.

Las condiciones económicas del clero fueron mejoradas repetidamente mientras el tenor de vida de la población, especialmente de las clases medias, empeoraba. Las mejoras fueron de tal calibre que las «vocaciones» se multiplicaron como por arte de magia y causaron impresión en el pontífice, que las justificó, claro, haciendo referencia a las nuevas condiciones económicas. Las posibilidades de elección de los idóneos al sacerdocio se ampliaron y permitieron más rigor y mayores exigencias culturales. Pero la carrera eclesiástica, si es el cimiento más sólido de la potencia vaticana, no agota en sí todas las posibilidades. La nueva estructura educativa permite que se introduzcan, entre las élites dirigentes laicas, células católicas que irán poco a poco reforzándose y hará posible la incorporación de elementos que deberán a la Iglesia la condición que ocupan. Es fácil imaginar que la infiltración clerical en los cuadros del Estado vaya a aumentar de manera progresiva, pues en el arte de la selección de personal y de tener a estos individuos vinculados a su estructura la Iglesia es casi imbatible. Al controlar las escuelas y los institutos a través de sus fiduciarios concertados la Iglesia seguirá —con la tenacidad que le es propia— el progreso de los jóvenes más válidos de las clases pobres y los ayudará a continuar los estudios en las universidades católicas. Bolsas de estudio, subsidiadas por acólitos y gestionadas con gran economía y apoyadas por las universidades, permitirán este tipo de carreras académicas.

En su fase actual, y gracias al impulso que ha dado a Acción Católica el actual pontífice, la Iglesia católica no se contenta solo con ordenar sacerdotes, sino que aspira además a permear el Estado (no debo olvidar la teoría del gobierno indirecto elaborada por Bellarmino);[65] por eso son necesarios los laicos. Se hace necesaria una concentración de cultura católica representada por laicos. Muchas personalidades pueden convertirse en preciosísimos auxiliares de

65 Roberto Bellarmino (1542-1621), cardenal jesuita, ejerció como acusador inquisitorial en los procesos contra Giordano Bruno (1599) y Galileo Galilei (1616). La teoría del «gobierno indirecto» se puede leer, sobre todo, en el *Tractatus de potestate Summi Pontificis in rebus temporalibus, adversus Gulielmum Barclay*, escrito en 1610. Fue canonizado en 1930 por Pío XI.

la Iglesia ejerciendo como profesores universitarios, como funcionarios de alto nivel…, como obispos o cardenales.

Ampliada la posibilidad de elección que tienen los «vocacionales», un actividad laico-cultural de este tipo tiene muchas posibilidades de expandirse. La Universidad del Sagrado Corazón y el Centro Neoescolástico son las primeras células de este recorrido. Ha sido sintomático el congreso filosófico celebrado en 1929: se confrontaron idealistas actuales y neoescolásticos, que participaron en el congreso armados con espíritu batallador y conquistador. El grupo neoescolástico, aprobado el concordato, quería presentar su ardor guerrero, promoverse seguro de sí mismo para atraer a los jóvenes. Es importante que no se olvide que una de las fuerzas de los católicos es precisamente esa: les importan un comino las «confutaciones perentorias» de sus adversarios no católicos. Ante una tesis confutada se muestran imperturbables, como si la cuestión no fuera con ellos. Son incapaces de saber qué son el «desinterés» intelectual, la lealtad y la honestad científica, y si los comprenden lo toman como debilidades o tontadas de los contrarios. Aquellos cuentan con la potencia de su organización mundial, que se impone como verdad irrefutable, y con el hecho de que una gran parte de la población todavía no es «moderna»: sigue teniendo una concepción «tolemaica» del mundo y de la ciencia.

Si el Estado renuncia a ejercer de centro activo y permanente de una cultura propia, autónoma, la Iglesia triunfará de manera sustancial. Pero el Estado no solo no interviene como centro independiente, sino que hace algo más: destruir toda oposición a la Iglesia que tenga capacidad de limitar el dominio espiritual que esta ejerce sobre la multitud. Es previsible que las consecuencias de una situación ya asentada, si sigue inmutable el cuadro general en el que se enmarca, lleguen a ser importantísimas.

La Iglesia es un Shylock más implacable, si cabe, que el Shylock shakesperiano y se procurará por todos los medios su libra de carne aunque tenga que desangrar a su víctima. Con gran tenacidad y mutando continuamente sus métodos, no se detendrá hasta haber completado todo el programa. «Los cristianos son los judíos más inteligentes, los que han entendido qué era necesario hacer si se quería conquistar el mundo» es expresión de Disraeli.[66]

La Iglesia no puede ser reducida a la condición de una fuerza «normal» ni con la confutación filosófica de sus postulados teóricos ni con las afirmaciones platónicas de una necesaria autonomía estatal (que no sea militante). Solo con la actividad práctica y cotidiana, con la exaltación de las fuerzas humanas creadoras y activas en todas las áreas sociales será posible reducir la influencia de la Iglesia.

Es necesario valorar bien un punto esencial de esta cuestión: el de las capacidades financieras del Vaticano. El creciente desarrollo del catolicismo en Estados Unidos permite la cuestación de cantidades vistosas que añadir a las rentas habituales ya consolidadas (aunque a partir de 1937 se reducirán quince millones al año, porque la deuda pública pasará del cinco al tres y medio por ciento) y al óbolo de san Pedro. ¿Podrían surgir problemas de carácter internacional por culpa de la injerencia de la Iglesia en los asuntos internos de algunos países en los que el Estado la subsidia permanentemente? La pregunta es elegante, como suele decirse. La cuestión financiera hace muy interesante

**66** V. Gerratana cree que esta cita es una reflexión aproximada, quizá tomada de André Maurois, *La vie de Disraeli,* Gallimard, Paris, 1927, p. 56.

el problema de la llamada indisolubilidad, proclamada por el pontífice, que equipara un tratado con un concordato. Si el papa se encontrara en la necesidad de recurrir a este instrumento político para presionar al Estado, ¿no deberíamos plantearnos de inmediato la restitución de las cantidades ya entregadas, y que están vinculadas al tratado y no al concordato? Son estas cantidades tan ingentes —y no es descabellado pensar que se gastaron apenas recibidas— que la restitución es prácticamente imposible. No hay Estado que pueda prestar tal cantidad al pontífice para sacarlo de un apuro, y mucho menos un particular o un banco. La denuncia del tratado desencadenaría una crisis tal en la organización práctica de la Iglesia que su solvencia, incluso a largo plazo, quedaría reducida a la nada. La convención financiera anexa al tratado debe, pues, considerarse como parte esencial del tratado, como garantía de una casi imposible denuncia de este si se planteara por razones polémicas y por presión política.

Fragmento de una carta de León XIII al emperador Francisco José: «Y no callaremos que junto a todos estos obstáculos tenemos dificultad para financiar *con nuestros medios* las incesantes y múltiples exigencias materiales que son inherentes al gobierno de la Iglesia. Es cierto que nos socorren las ofertas espontáneas hijas de la caridad, pero nos asalta siempre la amargura de pensar que la caridad pueda ser una carga para nuestros amados hijos, y por otro lado no podemos pretender que la caridad pública sea un pozo sin fondo».

«Con nuestros medios» significa «recaudadas a través de impuestos» aplicados a los ciudadanos de un Estado pontificio, ante cuyos esfuerzos no se siente «amargura», por lo que parece. Parece algo natural que la población italiana pague los gastos de la Iglesia universal.

En el conflicto entre Bismarck y la Santa Sede se pueden encontrar detalles de una serie de preguntas que podríamos hacernos por el hecho de que el Vaticano tenga la sede en Italia y determinadas relaciones con el Estado italiano. Según Salata, Bismarck «mandó escribir a sus juristas sobre la responsabilidad del Estado italiano en la actividad política del papa, a quien Italia había otorgado inviolabilidad e irresponsabilidad ante los daños y ofensas infligidos por el pontífice a terceros Estados».[67]

**67** Gramsci se refiere a Francesco Salata, *Per la storia diplomatica della Questione Romana*, Treves, Milano, 1929, en el que se encuentra citada la carta entre el papa y el emperador austríaco mencionada unos párrafos más arriba. Para la correspondencia entre ambos, véase F. Engel-Janosi, *Die politische Korrespondenz der Päpste mit den österreichischen Kaisern 1804-1918,* Herold, Wien, 1964.

# XXVIII. EL CESARISMO[68]

Julio César, Napoleón I, Napoleón III, Cromwell... Se trata de compilar un catálogo de los acontecimientos históricos que han culminado en una gran personalidad «heroica». Podemos decir que el cesarismo expresa una situación en la que las fuerzas en lucha se equilibran de manera catastrófica; es decir, se equilibran porque la continuación de la lucha solo acabará con la destrucción recíproca. Cuando la fuerza progresiva A lucha contra la fuerza regresiva B puede suceder no solo que A venza a B o B venza a A; puede suceder incluso que no venzan ni A ni B, sino que se desangren recíprocamente y una tercera fuerza externa C intervenga para hacerse cargo de lo que resta de A y B. Es lo que sucedió exactamente en Italia tras la muerte de Lorenzo el Magnífico o lo que liquidó la Antigüedad clásica con la llegada de los bárbaros.

El cesarismo no ha tenido siempre el mismo significado histórico, pues expresa siempre la solución «arbitral» —confiada a una gran personalidad— de una situación

**68** Ensayo publicado en A. Gramsci, *Quaderni del carcere*, edición crítica de Valentino Gerratana, Einaudi-Istituto Gramsci, Torino, 1975, «Cuaderno 13», § 27.

histórico-política caracterizada por un equilibrio de fuerzas de perspectivas catastróficas. Puede darse un cesarismo progresivo y otro regresivo, y el significado preciso de cada forma de cesarismo, en última instancia, puede ser reconstruido apoyándose en la historia concreta y no a partir de un esquema sociológico. El cesarismo progresivo es el que, con su intervención, ayuda a la fuerza progresiva a triunfar, aunque con concesiones que limitan el alcance de la victoria. El regresivo es el que ayuda a triunfar a la fuerza regresiva, y también en este caso se dan concesiones limitadoras, si bien ahora tienen estas un valor, un alcance y un significado diferentes al del progresivo. Julio César y Napoleón I son ejemplos de cesarismo progresivo; Napoleón III y Bismarck, de cesarismo regresivo.

Se trata de comprobar qué término prevalece en la dialéctica «revolución-restauración», si el primero o el segundo, si bien es cierto que en el movimiento histórico no hay vuelta atrás y no existen restauraciones integrales, *in toto.* Además, el cesarismo es una fórmula polémico-ideológica, y no un canon para la interpretación histórica. Puede existir una solución cesarista sin césar, sin necesidad de una gran personalidad «heroica» y representativa. El sistema parlamentario ofrece un mecanismo para tales situaciones de compromiso. Los gobiernos «laboristas» de MacDonald fueron, en cierto modo, soluciones de ese tipo; el nivel de cesarismo subió cuando se formó un Gobierno con MacDonald como primer ministro de un gabinete con mayoría conservadora. Así, en Italia, en octubre de 1922[69] —y hasta la separación de los «populares» y después gradualmente

69 La Marcha sobre Roma organizada por B. Mussolini tuvo lugar entre los días 27 y 29 de octubre de 1922.

hasta el 3 de enero de 1925, e incluso hasta el 8 de noviembre de 1926— tuvo lugar un movimiento político-histórico durante el que se sucedieron diversas gradaciones de cesarismo hasta llegar a una forma más pura y permanente, tampoco esta inmóvil y estática. Todos los gobiernos de coalición representan un nivel inicial de cesarismo, que puede —o no— evolucionar hasta niveles más significativos. Naturalmente, la creencia popular es que los gobiernos de coalición son el más «sólido baluarte» contra el cesarismo.

En el mundo moderno, con sus grandes coaliciones de carácter económico-sindical y político-partidista, el mecanismo del fenómeno cesarista es muy diferente al que operó hasta los tiempos de Napoleón III. Con anterioridad, las fuerzas militares regulares u oficiales eran un elemento decisivo para el advenimiento del cesarismo, que se imponía con golpes de Estado bien organizados, con acciones militares... En el mundo moderno, las fuerzas sindicales y políticas, con los incalculables medios financieros de que puede llegar a disponer un pequeño grupo de ciudadanos, complican el problema: los miembros de los partidos o los sindicatos con base económica se pueden corromper o atemorizar sin necesidad de acciones militares a gran escala, como sucedió con Julio César o con el 18 de brumario. Se reproduce en este campo idéntica situación a la examinada a propósito de la fórmula jacobino-cuarentayochesca de la denominada «revolución permanente». La técnica política moderna ha cambiado después de la revolución de 1848, tras la expansión del parlamentarismo, del régimen asociativo en sindicatos y partidos, con la formación de vastas burocracias estatales y «privadas» (político-privadas, de partido y de sindicato) y tras las transformaciones sufridas por todas las fuerzas policiales. Por fuerza policial debe entenderse no solo el servicio estatal destinado a la represión de la delincuencia, sino el conjunto de las fuerzas organizadas por el Estado y por los particulares para tutelar el dominio político y económico de las clases dirigentes. En este sentido, partidos «políticos» y organizaciones económicas —o de cualquier otro tipo— deben ser considerados organismos de policía política, dedicada al espionaje y a la seguridad.

El esquema genérico de las fuerzas A y B que luchan con perspectivas catastróficas, esto es, con la posibilidad de que no venzan ni A ni B en la batalla por constituir (o reconstituir) un equilibrio orgánico del que nace (o puede nacer) el cesarismo, es, de hecho, una hipótesis genérica, un esquema sociológico (útil al arte de la política). La hipótesis puede concretarse —llevada a un grado de mayor aproximación, a una realidad histórica concreta— precisando algunos puntos fundamentales.

Al hablar de A y de B se ha dicho solo que una es fuerza genéricamente progresiva y otra, genéricamente regresiva. Se puede precisar qué tipo de progresión y de regresión representan y así conseguir una mayor aproximación al problema. En el caso de Julio César y de Napoleón I, se puede decir que A y B, aun siendo fuerzas diferentes y contrarias, no estaban tan alejadas como para que no pudieran avenirse «absolutamente» a una fusión o asimilación recíproca tras un proceso molecular. De hecho es lo que sucedió, al menos en cierta medida —pero suficiente, sin embargo, para fines histórico-políticos—, para que cesara la lucha orgánica fundamental y, por tanto, se pudiera superar la fase catastrófica. Este punto nos permite una mayor aproximación a la cuestión. Otro punto: la fase catastrófica puede aparecer por culpa de una deficiencia política «momentánea» de la fuerza dominante tradicional, y no solo por una deficiencia orgánica necesariamente insuperable, lo que se verificó con Napoleón III. La fuerza dominante en Francia entre 1815 y 1848 se dividió políticamente en cuatro facciones: la legitimista, la orleanista, la bonapartista, la jacobino-republicana. Las luchas internas (en cada una de las facciones) eran tan intensas que hacían posible el ascenso de la fuerza antagonista B (progresista) de manera «precoz». Sin embargo, la estructura social existente no había agotado todavía todas sus posibilidades de desarrollo, como los acontecimientos posteriores demostraron abundantemente. Napoleón III representó —a su manera, de acuerdo con sus propias capacidades, que no eran muchas— estas posibilidades latentes e inmanentes: su cesarismo tiene un color particular. El cesarismo de Julio César y de Napoleón I fue, por así decirlo, de carácter cuantitativo-cualitativo, representó la fase histórica del paso de un tipo de Estado a otro, un paso en el que las innovaciones fueron tantas y de tanto calado que supusieron una transformación total. El cesarismo de Napoleón III fue solo y limitadamente cuantitativo, no supuso el cambio de un tipo de Estado a otro, sino una evolución del ya existente siguiendo una línea de continuidad.

En el mundo moderno, los fenómenos de cesarismo son completamente diferentes tanto al modelo progresivo (Julio César-Napoleón I) como al modelo Napoleón III, aunque se asemejan más al de este último. En el mundo moderno, el equilibrio de perspectivas catastróficas no se verifica entre fuerzas que, en última instancia, podrían fusionarse y unificarse, aunque fuera tras un proceso de lucha y sangre, sino entre fuerzas cuyas diferencias son irreconciliables históricamente y que, es más, aumentan especialmente con la llegada de figuras cesaristas. Con todo, el cesarismo tiene también en el mundo moderno un cierto margen, más o menos amplio, de actuación: depende de los países y del peso relativo que estos tengan en la estructura mundial. Porque una forma social tiene «siempre» posibilidades marginales para poder desarrollarse y para mejorar su organización, y sobre todo puede contar con la debilidad relativa de la fuerza progresiva antagonista, pues esta puede tener una naturaleza y un modo de operar peculiares que le sea necesario mantener. Por eso se ha dicho que el cesarismo moderno es más policial que militar.

## Cesarismo y equilibrio «catastrófico» de las fuerzas político-sociales

Sería un error de método (uno de los aspectos del mecanicismo sociológico) pensar que, en los fenómenos de cesarismo —sean progresivos, regresivos o incluso de carácter intermedio-episódico—, todo el actual fenómeno histórico tenga que ver con el equilibrio de las fuerzas «fundamentales». Es necesario también comprobar las relaciones que se dan entre los grupos principales de diferente género (socioeconómico y técnico-económico) de las clases fundamentales y las fuerzas auxiliares guiadas por —o sujetas a— la influencia hegemónica. Así, no se entendería el golpe de Estado del 2 de diciembre sin estudiar las funciones de los grupos militares y de los campesinos franceses.[70]

70 Se refiere al golpe de Estado perpetrado por Carlos Luis Napoleón Bonaparte el 2 de diciembre de 1851 y en virtud del cual pasó de ser presidente de la República a coronarse emperador, con el nombre de Napoleón III, un año después.

Desde este punto de vista, las consecuencias del llamado «*affaire* Dreyfus» en Francia constituyen un episodio importante. Es reseñable aquí no porque haya llevado al cesarismo, sino por todo lo contrario: porque ha impedido la llegada de un cesarismo que se estaba incubando, y que era de corte netamente reaccionario. Sin embargo, el movimiento Dreyfus es paradigmático porque son elementos del mismo bloque social dominante los que separan el cesarismo de la parte más reaccionaria del bloque. Es decir, evitaron sostenerse gracias al mundo rural, a los campesinos, y se apoyaron en grupos ciudadanos guiados por el reformismo socialista (sin descuidar la parte más avanzada del campesinado). Semejantes al caso Dreyfus, podemos encontrar otros movimientos histórico-políticos modernos y que no son, es cierto, revoluciones, pero que tampoco son completamente reacciones. Reacciones en el sentido de que incluso en el bando dominante fragmentan cristalizaciones estatales sofocantes e incorporan, al funcionamiento del Estado y a la actividad social, personas nuevas que amplían los cuadros existentes. Incluso estos movimientos pueden tener un contenido relativamente «progresivo», por cuanto muestran que en la vieja sociedad latían fuerzas válidas que los viejos dirigentes no habían sabido aprovechar, aunque fueran «fuerzas marginales» pero en absoluto progresivas, pues no podían «hacer época». Históricamente, se convirtieron en fuerzas eficientes porque se aprovecharon de la debilidad estructural del antagonista, no porque llevaran dentro una fuerza propia; por eso se encuentran vinculadas a una situación determinada de equilibrio de las fuerzas en lucha, ambas incapaces de expresar por sí mismas, en sus respectivos campos de acción, una voluntad reconstructora.

# XXIX. CARACTERES ITALIANOS[71]

Hay quien apunta complacido, otros lo hacen desconfiados y pesimistas, que el pueblo es «individualista»: unos dicen que «por desgracia» y los otros que «por fortuna». Este «individualismo», para ser valorado con exactitud, debería analizarse tras aprender que hay varias formas de «individualismo». Unas son más progresivas; otras, menos, y se corresponden con diferentes tipos de urbanidad y de vida cultural. Individualismo retrasado, que se corresponde con cierto tipo de «apoliticismo» identificable hoy con el viejo «anacionalismo», aquel de los tiempos en que se decía con naturalidad: «Que venga España, que venga Francia, pero que traigan sustancia», la misma naturalidad con la que hoy se es indiferente a la vida estatal, a la vida política de los partidos...

¿Existe realmente este «individualismo»? No participar activamente en la vida colectiva, esto es, en la vida estatal —lo que significa solo no participar en esa vida a través de la afiliación a partidos políticos «oficiales»—, ¿significa quizá no ser «partidario», no pertenecer a ningún grupo

71 A. Gramsci, *Quaderni del carcere*, edición crítica de Valentino Gerratana, Einaudi-Istituto Gramsci, Torino, 1975, «Cuaderno 6», § 162.

organizado? ¿Significa el «espléndido aislamiento» del individuo, que se tiene en cuenta solo a sí mismo a la hora de organizar su propia vida económica y moral? En absoluto. Significa que al partido político y al sindicato económico «moderno», tal y como han sido organizados por el desarrollo de las fuerzas productivas más progresivas, se prefieren otro tipo de organizaciones, por lo general del tipo que podríamos llamar hijas de la «delincuencia»: conciliábulos, camorra, mafias, sean de tipo popular o estén relacionadas con la clase alta. Cada uno de los niveles o de los tipos de urbanidad tiene su propio individualismo; esto es, permite que el individuo desarrolle una actividad peculiar y fomente una forma peculiar de relacionarse con los otros cuadros. Este «individualismo» italiano (que está más o menos acentuado o domina según los sectores económico-sociales de los diferentes territorios) es privativo de una fase en la que las necesidades vitales, económicas, no pueden ser satisfechas de manera regular y duradera (por culpa de la desocupación endémica entre los jornaleros rurales o entre la intelectualidad de baja y media intensidad). Los motivos de esta situación tienen orígenes remotos, y la responsabilidad de que sea actual y se mantenga a día de hoy la tiene la élite dirigente nacional.

Planteemos el problema histórico-político. ¿Se puede superar una situación así mediante una estatalización (escuela, Justicia, legislación, Policía) que tienda a nivelar la vida según un estándar nacional? ¿Se puede superar con una orden dada por la élite y que sea resolutiva y enérgica? Por lo pronto surge el problema de cómo formar el grupo dirigente que explique las razones de tal acción. ¿Mediante la competencia entre partidos y oponiendo sus programas político-económicos? ¿Mediante un grupo que ejerza el poder como si fuera un monopolio? En ambos casos resulta difícil superar aquella situación, que se reflejará en los miembros del partido o en la burocracia al servicio del grupo que rige el monopolio. Si es cierto que se puede pensar en la selección según una estructura formada por pocos dirigentes, es impensable una selección «preventiva» obtenida de entre la gran masa de individuos que forman todo el aparato organizativo (estatal y hegemónico) de un gran país. Método de la libertad, pero sin querer decir «liberal»: la nueva construcción no puede sino surgir desde abajo, apoyada en la idea de que todo un estrato nacional, el más pobre y el más inculto, participe en la formación de un estadio histórico radical que afecte a la vida de todo el pueblo y enfrente, a todos y cada uno, brutalmente, con las propias e improrrogables responsabilidades. El error histórico de la clase dirigente ha sido haber impedido sistemáticamente que una situación así pudiera darse en tiempos del Resurgimiento y haber basado la razón de ser de su continuidad histórica en mantener, desde entonces hasta hoy, una situación tan cristalizada.

# XXX. APOLITICISMO[72]

Confrontar las observaciones dispersas sobre esa característica del pueblo italiano que podría denominarse «apoliticismo». Este rasgo, naturalmente, se da en las masas populares, en las subalternas. En los estratos superiores o dominantes es natural un modo de pensar que podríamos llamar «corporativo», económico, de propia categoría, que por lo demás ha sido acuñado en la terminología política italiana como *consorteria,* una variante italiana de la *cricca* francesa y de la «camarilla» española, que tienen matices diferentes e idiosincráticos, sí, pero en el sentido personal o de grupo cerradamente político-sectario vinculado a la actividad política de grupos militares o cortesanos. Por su parte, en Italia el término significa algo más relacionado con intereses económicos, especialmente agrícolas y territoriales.

Una variedad de este apoliticismo popular es el «aproximativismo» de la fisonomía de los partidos tradicionales, el «lo mismo da» de los programas y de las ideologías. Por eso en Italia existe también un «sectarismo» particular,

72 A. Gramsci, *Passato e presente,* Editori Riuniti, Roma, 1971, pp. 28-30.

no del tipo jacobino francés o ruso, que se expresa en la fanática intransigencia para con los principios generales y, por tanto, para con el partido político que se convierte en el centro de todos los intereses de la vida individual. El sectarismo de los elementos populares se corresponde con el espíritu de *consorteria* propio de las clases dirigentes. No se basa en principios, sino en pasiones —incluso bajas e innobles—, y se cierra cuando se llega «a la cuestión de honor» de la delincuencia y al «silencio solidario» de la mafia y de la camorra.

El apoliticismo, unido a las fuerzas representativas (especialmente a los grupos electivos locales), explica el deterioro de los partidos políticos, que nacieron en una esfera electoral (en el congreso de Génova la cuestión fundamental fue la electoral); esto es, los partidos no fueron una facción orgánica de las clases populares —una avanzadilla, una élite—, sino una gavilla de galopines y mangantes electorales, una antología de intelectuales de medio pelo y de provincias que representaban una selección al revés. Dada la miseria general del país y la desocupación crónica de estos estratos, las posibilidades económicas que ofrecían los partidos eran de todo menos despreciables. De hecho, se ha sabido que casi una décima parte de los afiliados a los partidos de izquierda respigaban una parte de sus emolumentos de las comisarías, que pagaban poco a los delatores, por haber muchos de ellos, y que los recompensaban concediendo permisos para actividades marginales cercanas al vagabundeo y con la impunidad por beneficios de procedencia equívoca. En realidad, para afiliarse a un partido hacía falta poco: unas cuantas ideas vagas, imprecisas, indeterminadas, difuminadas; no había selección posible, pues los mecanismos de selección fallaban y las masas se veían obligadas a seguir a estos partidos porque los otros no existían.

Entre los elementos que muestran a las claras el apoliticismo merecen recordarse los que siguen. Los tenaces residuos de «mipueblismo» y otras tendencias similares que se suelen catalogar como manifestaciones de localismo y del llamado «espíritu de bronca y facción» resumidos en peleas locales para impedir que las jóvenes se acuesten con «forasteros», incluso de pueblos colindantes... Al decirse que este primitivismo ha quedado superado gracias a los progresos de la civilización, sería necesario precisar que si ha sucedido es porque se ha expandido y asumido una cierta vida política vinculada al partido, que ensanchaba los intereses intelectuales y morales del pueblo. En ausencia de este progreso, el «mipueblismo» renace, por ejemplo y sobre todo, impulsado por el deporte y por las competiciones deportivas, y acaba a veces en expresiones de salvajismo sangriento. Además del «tipo» deportivo tenemos también el «tipo deportivo de mi pueblo».

# XXXI. LA CUESTIÓN ITALIANA[73]

Es interesante releer los discursos ofrecidos por el ministro de Asuntos Exteriores, Dino Grandi, en el Parlamento en 1932, recordar las discusiones que se derivan de aquel discurso y que aparecen en la prensa italiana y en la internacional. Su señoría Grandi presentó la cuestión italiana como si tuviera alcance internacional, por lo que era necesario resolverla al mismo tiempo que las otras, que también constituyen expresión política de la crisis general de la posguerra, intensificadas de manera catastrófica en 1929: el problema francés de la seguridad, el problema alemán de la igualdad de derechos, el problema de reorganizar los Estados balcánicos y las naciones ribereñas del Danubio. El planteamiento de su señoría Grandi es un hábil intento de constreñir un posible congreso mundial organizado para resolver estos problemas (y de influir en la actividad diplomática), para que se trate la «cuestión italiana» como si fuera un elemento fundamental para la reconstrucción y la pacificación europea y mundial.

**73** Ensayo publicado en A. Gramsci, *Quaderni del carcere*, edición crítica de Valentino Gerratana, Einaudi-Istituto Gramsci, Torino, 1975, «Cuaderno 19», § 6.

¿En qué consiste la «cuestión italiana» según el planteamiento del ministro? En lo que sigue: que el incremento demográfico contrasta con la relativa pobreza del país o, lo que es lo mismo, que sufrimos superpoblación. Así, sería necesario que le fuera concedida a Italia la posibilidad de expandirse: económica, demográficamente... Pero no parece que con un planteamiento así la «cuestión italiana» tenga fácil solución y no provoque objeciones fundamentales. Si es cierto que las relaciones internacionales, cada vez más tensas tras 1929, son muy poco favorables a Italia, especialmente por culpa del nacionalismo económico y del «racismo» que impiden la libre circulación no solo de mercancías y de capitales, sino sobre todo de mano de obra, es lícito preguntarse también si, a fomentar esos problemas y a tensar las relaciones, no ha contribuido —y está contribuyendo aún— la propia política italiana. La investigación principal parece que debe orientarse en este sentido: la baja renta per cápita ¿es por culpa de la «pobreza» natural del país o consecuencia de condiciones histórico-sociales creadas y perpetuadas por una determinada orientación política que convierte la economía italiana en el tonel de las danaides?[74] ¿No sale demasiado caro el Estado, si entendemos por Estado —como es necesario hacer— no solo la administración de los servicios estatales, sino también el conjunto de las clases que lo componen *stricto sensu* y lo controlan? Por tanto, ¿es posible pensar que si no se produce un cambio en las relaciones que mantienen esas clases internas pueda mejorar la situación incluso si las condiciones internacionales

**74** Las danaides fueron las cincuenta hijas de Danao, quienes, declaradas culpables del asesinato de sus cincuenta esposos, fueron condenadas por Zeus a echar agua en un tonel sin fondo. La absolución llegará el día que las danaides logren llenar ese tonel sin fondo.

mejorasen? Podemos apuntar que proyectar en el campo internacional la «cuestión italiana» puede ser solo una coartada política que presentar ante el pueblo italiano.

Podemos aceptar que la renta nacional sea baja, pero ¿acaso no la destruye (devora) un exceso de población pasiva que hace imposible todo intento de capitalización progresiva aunque sea a ritmo lento? Con ello, la cuestión demográfica también debe ser analizada, y es necesario establecer si la composición demográfica es «sana» incluso para un régimen capitalista basado en la propiedad privada. La pobreza relativa «natural» de cada uno de los países en la civilización moderna (y en tiempos normales tiene una importancia relativa) impedirá al máximo ciertas ganancias marginales gracias a la «posición» geográfica. La riqueza nacional está condicionada por la división internacional del trabajo y por haber sabido elegir, entre las posibilidades que esta división ofrece, la más racional y rentable para cada país. Se trata, esencialmente, de un problema de «capacidad directiva» por parte de la clase económica dominante, de su espíritu de iniciativa y de organización. Si faltan estas cualidades y la actividad económica ha sido fundada sobre la base de la explotación de y la rapiña a la clase trabajadora y productiva, ningún acuerdo internacional sanará la situación. No se dan ejemplos, en la historia moderna, de colonias de «población»: no han existido nunca. La emigración y la colonización siguen el flujo de capitales invertidos en diversos países, no al contrario. La crisis actual, que se manifiesta sobre todo con la caída de los precios de las materias primas y de los cereales, enseña que el problema no es de riqueza «natural» en muchos países, sino de organización social y de la transformación de las materias primas para unos fines y no para otros. Que la crisis tenga razones de ser en la organización y en la orientación política y económica es evidente si comprobamos que todos los países civilizados modernamente han tenido emigración en alguna fase de su desarrollo económico y si vemos que tal emigración tuvo un fin y a menudo fue reabsorbida.

Que no se quieran —o no se puedan— cambiar las relaciones internas, y ni siquiera rectificarlas de manera racional, lo demuestra la política que se sigue con la deuda pública, que aumenta progresivamente el peso de la pasividad «demográfica» justo cuando la parte activa de la población se contrae por influjo del paro y de la crisis. Disminuye la renta nacional, aumentan los parásitos, el ahorro se contrae y las inversiones pasan de hacerse en el proceso productivo a volcarse en la deuda pública, lo que es causa de un nuevo parasitismo absoluto y relativo.

# XXXII. ACCIONES Y OBLIGACIONES DEL ESTADO[75]

¿Qué mutación radical provocará en las intenciones del pequeño y mediano ahorrador la actual crisis económica si, como parece probable, es de largo recorrido? Se puede observar que la caída del mercado accionarial ha determinado un desplazamiento desmesurado de riqueza y un fenómeno de expropiación «simultánea» del ahorro de una gran parte de la población, un poco por todo el globo, pero sobre todo en Estados Unidos. Así, los procesos enfermizos que se dieron por culpa de la inflación en los primeros años de posguerra se han renovado en ciertos países y han aparecido en otros que en nada habían sufrido el alza de precios. El sistema que el Gobierno italiano ha intensificado en estos años (perpetuando una tradición existente, si bien a menor escala) parece el más racional y orgánico que se pueda aplicar en algunos países, pero ¿qué consecuencias traerá? El sistema establece diferencias entre acciones normales y acciones privilegiadas, entre estas y obligaciones, y entre acciones u obligaciones del mercado financiero y obligaciones o deuda pública.

**75** Ensayo publicado con el título «Azioni, obbligazioni, titoli di Stato» en A. Gramsci, *Quaderni del carcere*, edición crítica de Valentino Gerratana, Einaudi-Istituto Gramsci, Torino, 1975, «Cuaderno 22», § 14.

La masa de los ahorradores está intentando liberarse por completo de las acciones, sean como sean —devaluadas de modo inaudito—, y prefiere las obligaciones a las acciones, pero prefiere la deuda pública a cualquier otro tipo de inversión. Se podría decir que la masa de los ahorradores quiere romper cualquier vínculo con el sistema financiero del capitalismo privado a la vez que mantiene la confianza en el Estado, que esa masa quiere participar en una actividad económica —a través de Estado— que garantice un rendimiento módico pero seguro. Se inviste así al Estado con una función de primer nivel en el sistema capitalista: el de empresa (*holding* estatal) que concentra el ahorro que ha de ser puesto a disposición de la industria y de la actividad privada, como inversor a medio y largo plazo: con la creación a nivel nacional de un Instituto de Crédito Inmobiliario, de un Instituto de Reconstrucción Industrial y aun otros; con la reforma de la banca comercial, con la consolidación de las cajas de ahorro, con la creación de nuevas formas de ahorro postal... Pero una vez asumidas estas funciones, por necesidades económicas imprescindibles, ¿puede el Estado desinteresarse de la organización de la producción y de la gestión del comercio y de la gestión financiera? ¿Puede dejar, como antes, que dependa de la iniciativa de la competencia y de la iniciativa privada? Si sucediese esto, la desconfianza que hoy castiga la industria y el comercio privados se llevaría por delante también al Estado. Al crearse una situación que obligara al Estado a devaluar sus títulos de deuda pública (haciendo que creciera la inflación o de cualquier otra forma) al mismo ritmo que se han devaluado las acciones de las empresas privadas, tal devaluación resultaría catastrófica para el conjunto de la organización económico-social. El Estado está, pues, obligado a intervenir necesariamente para controlar si las inversiones llevadas a cabo con su participación están bien administradas, y así se entiende cuando menos un aspecto de las discusiones teóricas sobre el régimen corporativo. Pero solo el control es insuficiente. No se trata solo de conservar el aparato productivo tal y como está organizado en un momento dado; se trata de reorganizarlo para desarrollarlo paralelamente al aumento de la población y de las necesidades colectivas. De hecho, con los servicios esenciales y con los desarrollos necesarios es con los que más riesgos corre la iniciativa privada, y por ello debería ser mayor en ellos la intervención estatal, que tampoco está libre de peligros, sino todo lo contrario.

Hacemos referencia a estos elementos como los más orgánicos y esenciales, pero otras reflexiones también conducen a la intervención estatal o la justifican teóricamente: la complicación de las reglas aduaneras, el agravamiento de las tendencias autárquicas, el aumento de los premios y del *dumping,* el salvar las grandes empresas a punto de quebrar o en peligrosa inestabilidad, o, como se suele decir, la «nacionalización de las pérdidas o de los déficits industriales», etcétera.

Si el Estado tuviera la intención de imponer una línea económica por la que la producción de ahorro pasara de ser «función» de una clase parasitaria a función del mismo organismo productivo, este desarrollo hipotético sería progresivo, podría recaer en un vasto plan de racionalización integral. Sería necesario, para ello, promover una reforma agraria: la abolición de la renta de la tierra como renta de una clase no trabajadora para luego integrarla en el organismo productivo, como ahorro colectivo dedicado a la reconstrucción y a los sucesivos progresos. Sería necesario promover una reforma industrial para declarar todas las rentas necesidades funcionales técnico-industriales y no consecuencias jurídicas del puro derecho de propiedad.

De este conjunto de exigencias no siempre confesadas nace la justificación histórica de las llamadas tendencias corporativas, que se manifiestan sobre todo como exaltación del Estado en general, del Estado concebido como un algo absoluto, y como desconfianza y aversión a las formas tradicionales del capitalismo. La consecuencia es que, teóricamente, el Estado parece tener su base político-social en el pueblo y en los intelectuales, pero en realidad su estructura sigue siendo plutocrática y hace imposible que pueda romper los vínculos con el gran capital financiero. Por lo demás, el propio Estado se convierte así en el mayor organismo plutocrático, en el *holding* de la gran masa de ahorro efectuado por los pequeños capitalistas. (Podría ser conveniente recordar las reducciones jesuíticas de Paraguay y hacerlas precedente de muchas tendencias contemporáneas).

Que pueda existir un Estado que se base políticamente en la plutocracia y en el pueblo al mismo tiempo no es tan contradictorio como puede parecer. Lo demuestra un país ejemplar, Francia, en el que no se entendería el dominio del capital financiero sin la base política de una democracia de rentistas pequeño burgueses y campesinos. Sin embargo, Francia, por razones complejas, tiene una composición social bastante sana, porque está formada por una base amplia de pequeños y medianos propietarios dedicados al cultivo de la tierra. En otros países, por el contrario, los ahorradores están separados y alejados del mundo de la producción y del trabajo: el ahorro es «socialmente» demasiado costoso, pues se obtiene gracias al nivel de vida demasiado bajo de los trabajadores industriales y, especialmente, agrícolas. Si la nueva estructura crediticia consolidase esta situación se produciría un empeoramiento: si el ahorro parasitario, gracias a la garantía estatal, no corriera ni siquiera los riesgos habituales que conlleva el mercado financiero, por un lado, reforzaría la propiedad agrícola parasitaria y, por el otro, las obligaciones industriales de dividendo legal gravarían el trabajo de manera aún más aplastante.

# Más allá del fascismo

# XXXIII. INDIFERENTES[76]

Odio a los indiferentes. Creo, como creía Friedrich Hebbel, que «vivir significa tomar partido».[77] No pueden existir los hombres sin más, extraños a la ciudad. Quien vive de verdad no puede no ser ciudadano y no tomar partido. La indiferencia es abulia, es parasitismo, es bellaquería, no es vida. Por eso odio a los indiferentes.

La indiferencia es el lastre de la historia, la bola de plomo a la que está encadenado el novator, la materia muerta en la que se ahogan a menudo los entusiasmos más esplendorosos; es la palude que rodea la vieja ciudad y la defiende mejor que las murallas más sólidas, mejor que las corazas de sus guerreros, porque atrapa y engulle en sus remolinos limosos a los asaltantes, diezma sus fuerzas y los acobarda y consigue que desistan de la empresa heroica.

La indiferencia opera con potencia en la historia. Opera pasivamente, pero opera. Es la fatalidad, algo con lo que no

**76** Artículo publicado con el título «Indifferenti» en *La città futura* el 11 de febrero de 1917.

**77** Friedrich Hebbel, *Diario*, ed. Scipio Slataper, Carabba, Lanciano, 1912, p. 82: «Vivere significa esser partigiani», reflexión 2127. El original alemán dice «Leben heißt parteiisch sein» y es el aforismo 2613 en la edición de las obras de Hebbel publicada en B. Behr's Verlag, Berlin, 1905.

se puede contar, algo que desbarata lo programado y descompone los planes mejor pensados, es la materia en bruto que se revela ante la inteligencia y la estrangula. Lo que sucede, el mal que se abate sobre todos, el posible bien que un acto heroico (de valor universal) puede generar, no sucede gracias a la iniciativa de los pocos activos, sino a la indiferencia, al absentismo de la mayoría. Lo que aviene no lo hace tanto porque algunos quieran que suceda como porque el conjunto de los hombres abdica de su voluntad, deja hacer, deja anudar nudos que después solo la espada podrá cortar, deja promulgar leyes que solo una insurrección hará abrogar, deja que se hagan con el poder hombres a los que después solo un motín podrá derrocar. La fatalidad que parece dominar la historia no es nada más que apariencia ilusoria de esta indiferencia, de este absentismo. Los hechos maduran a la sombra, pocas manos que nadie vigilia ni controla tejen la tela de la vida colectiva; y la masa ignora, porque no se preocupa de cuanto ocurre. Los destinos de una época se manipulan y son puestos al servicio de perspectivas mezquinas, de intereses inmediatos, de las ambiciones y las pasiones personales de pequeños grupos que actúan mientras la masa ignora, porque no le preocupa. Pero los hechos, ya maduros, germinan; pero la tela tejida a la sombra se completa y entonces parece que es la fatalidad la que viene a arrastrarlo todo y a todos, parece entonces que la historia no es más que un enorme fenómeno natural: una erupción volcánica, un terremoto que convierte a todos, quieran o no quieran, en víctimas. Víctimas por igual son tanto los que sabían como los que no sabían, tanto el activo como el indiferente. Y este último entra en cólera, querría librarse de las consecuencias, querría que quedara claro que él no ha querido que así sucediera, que él no es responsable. Hay quien lloriquea piadosamente, otros blasfeman obscenamente, pero pocos o ninguno se preguntan: «Si también yo hubiera cumplido con mi deber, si hubiera intentado hacer valer mi voluntad, mi parecer, ¿habría sucedido lo que ha sucedido?». Pero pocos o ninguno de ellos se culpan de su indiferencia, de su escepticismo, de no haber echado una mano y arrimado el hombro al combate que libraba un grupo de ciudadanos para evitar un mal o para procurar un bien.

Por el contrario, la mayoría de estos prefieren hablar —a hechos consumados— del fracaso de los ideales, de programas definitivamente derrumbados y de otras sutilezas semejantes. Replantean así su falta de responsabilidad. Y no es que no vean claro lo que está sucediendo, pues a veces son capaces de encontrar bellísimas soluciones para los problemas más urgentes o para aquellos que —aunque requieran mucha preparación y tiempo— son sin embargo igual de urgentes. Pero estas soluciones quedan bellísimamente infecundas, pero esta contribución a la vida colectiva no está alumbrada por ninguna luz moral; es solo producto de la curiosidad intelectual, no de un profundo sentido de responsabilidad histórica que requiere hombres activos en la lucha diaria, que no admite agnosticismo ni indiferencias de ningún tipo.

Odio a los indiferentes porque, además, me fastidia su lloriqueo de eternos inocentes. Pido cuentas a todos y cada uno de ellos de cómo han cumplido con la tarea que la vida les ha puesto y les pone a diario, de lo que han hecho y, especialmente, de lo que no han hecho. Y me siento con derecho a ser inexorable, a no malgastar la piedad, a no compartir con ellos mis lágrimas.

Soy partidario, vivo, siento en las conciencias viriles de quienes me acompañan el pulso de la actividad de la ciudad futura que estamos construyendo. Y en ella la cadena social no ata a unos pocos; nada sucede allí por caso ni por fatalidad, sino que todo es una obra inteligente de los ciudadanos. No habita allí ninguno que se quede mirando por la ventana mientras una minoría se sacrifica, se desangra en el sacrificio. Y el de la ventana, al acecho, quiere aprovecharse del pequeño bien que la actividad de pocos procura y desfoga su desilusión vituperando al sacrificado, al desangrado, porque ha fracasado en su intento.

Vivo, soy partidario; por eso odio a quien no toma partido, odio a los indiferentes.

# XXXIV. EL HOMBRE INDIVIDUO Y EL HOMBRE MASA[78]

El proverbio en latín *senatores boni viri senatus mala bestia*[79] se ha convertido en un tópico. ¿Qué significaba y que significa hoy este proverbio? Que una masa dominada por intereses inmediatos o presa de la pasión suscitada por las impresiones del momento transmitidas, de manera acrítica, de boca en boca se unifica en la peor decisión colectiva posible, la que se identifica con los más bajos instintos animales. La observación es acertada y es realista cuando hace referencia a la masa casual, reunida como «muchedumbre que se cobija de la tempestad bajo un cobertizo», compuesta por hombres que no tienen vínculos de responsabilidad para con otros hombres o grupos de hombres, para con una realidad económica concreta y cuya desintegración repercuta en la ruina de los individuos. Podemos decir por ello que, en tal masa, el individualismo no solo es superado,

**78** Ensayo publicado en A. Gramsci, *Quaderni del carcere*, edición crítica de Valentino Gerratana, Einaudi-Istituto Gramsci, Torino, 1975, «Cuaderno 7», § 12.

**79** «Los senadores son hombres buenos, pero el Senado es una mala bestia». Algunos atribuyen la sentencia a Cicerón; otros, a Solón. Sea como fuere, es dicho popular en Italia, tanto que al padre Pirrone, el cura de *El Gatopardo,* no le costaba usarla en tiempos de mudanzas políticas.

sino que acaba exasperado por la certeza de la impunidad y de la irresponsabilidad.

Es observación habitual que una asamblea «bien ordenada» de elementos agitados e indisciplinados se unifica con decisiones colectivas superiores a la media individual: la cantidad muta en calidad. Si no fuese así, no sería posible el Ejército; no serían posibles los sacrificios inauditos que grupos humanos bien disciplinados saben llevar a cabo en determinadas ocasiones, cuando su sentido de responsabilidad social ha sido puesto en acto por la percepción inmediata de un peligro común, cuando el porvenir aparece como más importante que el presente. Puede aducirse el ejemplo de un mitin, que es diferente de la asamblea que se celebra en el partido y de la manifestación sindical que reúne una misma categoría profesional, etcétera. Una reunión de oficiales del Estado Mayor es muy diferente de una asamblea de soldados de tropa, etcétera.

Tendencia al conformismo en el mundo contemporáneo, más extendida y profunda que en el pasado: la estandarización del modo de pensar y de actuar asume extensión nacional e incluso internacional.

La base económica del hombre-colectivo: grandes fábricas, taylorismo, nacionalización... Pero, en el pasado, ¿existía o no el hombre colectivo? Existía en forma de dirección carismática, en palabras de Michels.[80] Es decir, se conseguía una voluntad colectiva bajo el impulso y la sugestión inmediata de un «héroe», de un hombre representativo; pero

80 Robert Michels (1876-1936), intelectual y profesor de origen alemán, militó primero en el PSI y más tarde en el Partido Nacional Fascista. En su libro *Los partidos políticos* teorizó sobre la «ley de hierro de la oligarquía», con la que se sostiene que no hay régimen político que no acabe por ser gobernado por una minoría.

esta voluntad colectiva se debía a factores extrínsecos y se componía y descomponía continuamente. El hombre colectivo de hoy se forma, por el contrario, esencialmente de abajo arriba, sobre la base de la posición ocupada por la colectividad en el mundo de la producción. El hombre representativo cumple aun hoy una función en la formación del hombre-colectivo, aunque sea inferior en calidad a la que cumplía en el pasado, tanto que puede desaparecer sin que el cemento colectivo se disuelva y la construcción colapse.

Se dice que los «los científicos occidentales sostienen que la psique de la masa no es sino el resurgir de los viejos instintos de la horda primordial y, por tanto, un regreso a estadios culturales superados hace tiempo.[81] Lo de hacer referencia a la llamada «psicología de la masa», esto es, de multitudes casuales, y darle rango pseudocientífico está relacionado con la sociología positivista.

Sobre el «conformismo social» es necesario apuntar que la cuestión no es nueva, y que la alarma lanzada por ciertos intelectuales tiene rasgos de comicidad. El conformismo ha existido siempre: se trata hoy de una lucha entre «dos conformismos», de una lucha por la hegemonía, de una crisis de la sociedad civil. Los viejos dirigentes intelectuales y morales de la sociedad intuyen que ya no pisan terreno firme, saben que sus «prédicas» tienen solo el valor de las «prédicas», o lo que es lo mismo: son algo alejado de la realidad, pura forma sin sustancia, larva sin

81 Frase de Giovanni Faccioli escrita en una reseña publicada en la revista *L'Italia letteraria* II (1930), n. 35 al libro de R. Fülöp-Miller titulado en alemán *Geist und Gesicht des Bolschewismus. Darstellung und Kritik des kulturellen Lebens in Sowjet-Russland, Amalthea,* Wien, 1926, y publicado en italiano con prólogo de Curzio Malaparte como *Il volto del bolscevismo,* Milano, 1930.

alma. De ahí su desesperación y sus tendencias reaccionarias y conservadoras, pues, como la particular forma de civilización —de cultura, de moralidad— que han representado se descompone, proclaman la desaparición de todas las civilizaciones, de todas las culturas y de toda moralidad. Y entonces solicitan medidas represivas al Estado o se constituyen en grupo de resistencia alejado del proceso histórico real. Aumenta con ello el tiempo que dura la crisis, porque el ocaso de un modo de vivir y de pensar no puede verificarse sin crisis. Los representantes del nuevo orden que se está gestando, por otro lado, por odio «racionalista» al viejo, difunden utopías y planos extravagantes.

¿Cuál es el punto de referencia que tiene el nuevo mundo en gestación? La producción, el trabajo. El máximo utilitarismo debe ser la base de cualquier análisis de los institutos morales e intelectuales que se creen y de los principios que deben difundirse: la vida colectiva y la individual deben organizarse para que el aparato productivo pueda funcionar a pleno rendimiento. El desarrollo de las fuerzas económicas sobre esta nueva base y la instauración progresiva de la nueva estructura sanarán las contradicciones, que no pueden faltar. Y al crear un nuevo «conformismo» en la base, permitirán nuevas posibilidades de autodisciplina, de libertad incluso individual.

# XXXV. EL OCASO DE UN MITO[82]

Un hombre nace en algún lugar de la superficie de la tierra. Su vida corporal llega a su fin abrupto con la pena de muerte. Pero la vida de sus hechos, de sus prédicas, continúa, se expande, se hace millones y millones de vidas, impregna con su espíritu siglos de historia. El hombre se ha hecho mito, ha pasado a ser una parte de la conciencia universal. Ha conseguido la inmortalidad, esa que solo admiten los laicos y que consiste en el perpetuarse de una palabra excelsa —de un ejemplo sublime de vida moral en este mundo— en las conciencias de los hombres nacidos después y en los por nacer.

Ese hombre da nombre a una nueva civilización. La nueva civilización era una necesidad histórica, estaba contenida en potencia en la precedente, pero ese hombre ha encontrado, ha sabido expresar con palabras inmortales aquella necesidad y ha difundido la conciencia de esa necesidad, y con ello ha contribuido a alumbrarla y a difundirla. Lanzó en el mundo grecorromano una idea-fuerza: una sangre diferente, ser de otra raza, no es causa para justificar

82 Artículo publicado el 22 de diciembre de 1917 en *Il Grido del Popolo.*

la desigualdad entre los hombres. Los hombres son todos iguales, porque son todos hijos del mismo padre, porque están marcados por idéntico pecado, porque están obligados por idéntica necesidad, tal es la necesidad de purificarse si pretenden alcanzar una vida que sea verdadera y que no es de este mundo.

Millones de hombres que creían ser inferiores conocieron el sentido de la igualdad. La esclavitud, el hecho de tener en propiedad cuerpos humanos entró en declive. Estos millones de hombres comenzaron a sentirse seres, comenzaron a reflexionar sobre su propia naturaleza, tomaron consciencia. La fórmula que les iba a redimir se la entregó un hombre, un hombre que murió en algún lugar por haber revindicado aquel principio de igualdad. Los hombres han identificado, simple e ingenuamente, su consciencia con aquel hombre, con aquel lugar; han hecho material un fenómeno que era solamente ideal.

Por aquel hombre, por aquel lugar, se han matado unos a otros, han hecho sacrificios, han hecho ofrendas, han inventado torturas. Pero el mito, la materialización de la idea, fue purificándose con el tiempo y liberándose de escorias mortales y contingentes. Otros hombres se sacrificaron y afirmaron que era la propia consciencia humana la que se había liberado, la que, tras reconocerse a sí misma y conocer su propia energía, liberó los grilletes y las cadenas.

El hombre, que había sido deificado, que había adquirido una grandeza ficticia y artificiosa, se hizo de nuevo hombre, asertor de la verdad, propagador de la verdad, mártir de la verdad. Se hizo grande, con la grandeza verdadera y no perecedera, de la que da fe —en el tiempo y en la historia— la eficacia de la palabra excelsa, del sublime sacrificio por el deber.

El testimonio de la divinidad se hizo testimonio de la humanidad, de la mejor y más perfecta humanidad. Se hizo momento importante, en el más importante y significativo de la lucha, larga y paciente, que enfrenta a los hombres con la naturaleza y con una parte de sí mismos para llegar a ser cada vez más libres, más dueños de sus voluntades y de los medios necesarios para alcanzarla.

Y el fin último que los hombres buscan con sus actos se hizo más concreto y ya no fue un fin trascendente, el deseo de la otra vida, sino que se humanizó y modernizó. Y, cuando los hombres aprendieron que podían vivir en las conciencias, en los recuerdos de los hombres por venir, por quienes habían trabajado y mejorado el presente para que mejor fuera el porvenir, entonces la inmortalidad que persiguieron devino inmortalidad terrena.

Y fue así como el mito se fue disolviendo. Los signos externos de un episodio remoto fueron perdiendo consistencia. Un sepulcro y una ciudad volvieron a ser simplemente una ciudad y un sepulcro. Los hombres descubrieron que la luz que una vez creyeron que provenía del más allá era la luz de su consciencia, de su voluntad, de sus actos. Y fue así como la liberación de Jerusalén no fue para los hombres sino una batalla más de una guerra europea: por ello ni hubo un festivo repicar de campanas ni la multitud paseó su fervor por calles y plazas. No era el hecho de una Jerusalén liberada lo que contaba, lo importante fue que los hombres habían sido liberados de Jerusalén. Porque una libertad fosilizada, materializada, dogmatizada deviene esclavitud. Y, al mostrarse indiferente a esta liberación, el pueblo ha hecho patente que tiene conciencia de haberse liberado del mito cristiano, del materialismo cristiano.

# XXXVI. EL CARÁCTER DEL PRÍNCIPE[83]

El carácter fundamental de *El Príncipe* se basa en que no es una sistematización; es un libro «viviente» en el que la ideología política y la ciencia política se funden en la forma dramática del «mito». Antes del libro maquiavélico, la ciencia política era una disciplina que se debatía entre la utopía y el tratado educativo. Maquiavelo la hizo invención y forma artística, y para encarnar el elemento doctrinal y racional ideó la figura de un condotiero que representa plástica y «antropomórficamente» el símbolo de la «voluntad colectiva». El proceso de formación de una determinada voluntad colectiva que persigue un determinado objetivo político se representa en el libro no con disquisiciones o taxonomías pedantes de los tipos de príncipe, tampoco con opiniones sobre cómo se debe comportar en la lucha, sino como cualidades, rasgos idiosincráticos, deberes y necesidad de que se encarnen en una persona concreta. Todo esto hace que se desencadene la fantasía de quienes se desea convencer y hace cuerpo las pasiones políticas. (Buscar entre los escritores

83 A. Gramsci, *Quaderni del carcere*, edición crítica de Valentino Gerratana, Einaudi-Istituto Gramsci, Torino, 1975, «Cuaderno 13», § 1.

políticos anteriores a Maquiavelo si existen tratados configurados como lo está *El Príncipe*. La lectura del libro está condicionada por su carácter mítico: tras haber dado forma al condotiero ideal, Maquiavelo —con un episodio de gran eficacia artística— invoca la presencia de un mercenario histórico que le dé vida: esta invocación apasionada está difuminada en todo el libro y le da un carácter dramático. En los *Prolegómenos* de L. Russo, Maquiavelo aparece catalogado como el artista de la política; y una vez incluso aparece la expresión «mito», pero no precisamente como ha sido anunciado más arriba).[84]

*El Príncipe* de Maquiavelo podría estudiarse como una demostración ejemplar del «mito» soreliano,[85] es decir, muestra de una ideología política que se presenta no como fría utopía ni como razonamiento doctrinario sino como una creación de la fantasía concreta que opera en un pueblo, disperso y fragmentado, con la voluntad de suscitarle, y organizarle, la voluntad colectiva. El carácter utópico de *El Príncipe* reside en el hecho de que el «príncipe» no era una figura de la realidad histórica, el pueblo italiano no lo reconocía con los rasgos que le son propios a una inmediatez objetiva. Era, por el contrario, una pura abstracción doctrinaria, el símbolo del jefe, del condotiero ideal; pero los elementos pasionales, míticos, que aparecen en el libro, con gran efectividad dramática, se resumen y hacen carne en la conclusión, en la invocación de un príncipe «realmente existente». A lo largo de todo el volumen, Maquiavelo argumenta cómo debe ser el príncipe para poder conducir

**84** L. Russo, *Prolegomeni a Machiavelli*, Le Monnier, Firenze, 1931, p. 29.

**85** G. Sorel (1847-1922), sindicalista y escritor de origen francés, filósofo marxista, ejerció gran influencia en las teorías políticas de Gramsci, sobre todo a través de *Matériaux d'une théorie du prolétariat*, M. Rivière, Paris, 1919.

a su pueblo a la fundación del nuevo Estado. Y el argumento está desarrollado con rigor lógico, con objetividad científica: en la conclusión, el propio autor se hace pueblo, se confunde entre el pueblo, pero no entre un pueblo «genérico», sino entre el pueblo que Maquiavelo ha convencido con los argumentos precedentes; entre un pueblo del que procede, del que se siente conciencia y expresión, con el que se siente identificado. Sucede que todo el desarrollo «lógico» parece obra reflexiva del pueblo, parece un razonamiento interno hecho por la conciencia popular y que concluye con un grito apasionado, inmediato. La pasión pasa de ser razonamiento en sí mismo a convertirse en «afecto», fervor, ardor guerrero. Esta es la razón por la que el epílogo de *El Príncipe* no es algo extrínseco, un añadido externo, retórica, y necesita ser explicado como elemento esencial de la obra; es más, como el elemento que ilumina con luz verdadera toda la obra y la convierte en «manifiesto político».

Se puede estudiar por qué Sorel, a partir de sus ideas sobre la ideología-mito, no ha llegado a una comprensión del partido político y se ha quedado en la idea del sindicato sectorial. Es cierto que para Sorel la máxima expresión del «mito» no era el sindicato como expresión organizativa de una voluntad colectiva, sino la acción sindical y la voluntad colectiva ya en marcha, la acción práctica, cuya puesta en escena debía culminar en la huelga general. Es decir, era una «actividad pasiva» de carácter negativo y preliminar —el carácter positivo lo da solo el acuerdo entre las voluntades asociadas— de una actividad que no prevé ni quiere una fase «activa y constructiva». En la idea de Sorel, pues, combaten dos necesidades: la del mito y la de la crítica del mito por cuanto «todo plan preestablecido es utópico y reaccionario».[86] La solución se dejaba en manos de un impulso irracional, de lo «arbitrario» en sentido bergsoniano —«impulso vital»—;[87] es decir, en manos de la espontaneidad. (Sería necesario anotar aquí una contradicción implícita en Croce acerca del problema de historia y antihistoria: su aversión a los «partidos políticos» y su manera de plantear la cuestión de la previsibilidad de los acontecimientos sociales. Confróntese con *Conversazioni Critiche*, primera serie, páginas 150-152, y la recensión del libro de Ludovico Limentani, *La previsione dei fatti sociali*, Torino, Bocca, 1907. Si los acontecimientos sociales son imprevisibles e incluso el concepto de previsión es pura fantasía, lo irracional no puede no dominar, por lo que toda organización humana es antihistoria, es un «prejuicio». Queda solo resolver uno a uno, y con criterios inmediatos, los problemas prácticos ante los que nos enfrenta el progreso histórico. Confróntese el artículo de Croce titulado «El partido como juicio y como prejuicio» en *Cultura e Vita Morale* y el oportunismo como única línea política posible).

¿Puede un mito ser «no constructivo»? ¿Puede pensarse, en la línea intuitiva de Sorel, que sea capaz de causar efecto un instrumento que abandona la voluntad colectiva en la fase primitiva y elemental de su formación, un instrumento que se crea por distinción —escisión—, por simple violencia o, lo que es lo mismo, al destruir las relaciones morales y jurídicas existentes? Esta voluntad colectiva formada en una fase tan rudimentaria, ¿no tendrá una existencia breve, no se disolverá en una infinidad de voluntades individuales y conflictivas? No

**86** *Cfr*. G. Sorel, *Réflexions sur la violence*, Rivière, Paris, 1919[4].

**87** Para la famosa teoría de «l'élan vital» véase Henri Bergson, *L'Évolution créatrice*.

puede haber destrucción, negación, sin que lleve una construcción implícita, una afirmación no metafísica sino práctica, esto es, política, como programa de partido. En este caso, se supone que bajo la espontaneidad yace puro mecanicismo, bajo la libertad (arbitrio-impulso vital) determinismo en grado máximo, materialismo absoluto bajo el idealismo.

El moderno príncipe, el mito-príncipe, no puede ser una persona real, un individuo concreto, puede ser solo un organismo: un elemento social complejo en el cual se intuya la concreción de una voluntad colectiva reconocida e implementada parcialmente en los hechos. Este organismo ya ha sido creado gracias a la evolución histórica: llámase partido político, la primera célula en la que se conjugan los gérmenes de la voluntad colectiva, que tienden a convertirse en universales y totales. En el mundo moderno, solo una acción histórico-política inmediata e inminente, caracterizada por la necesidad de una actuación rápida y fulminante, puede encarnarse míticamente en un individuo concreto. La rapidez es imprescindible solo ante un gran peligro inminente, un gran peligro que, fulmíneo, enciende las pasiones y el fanatismo a la vez que aniquila el sentido crítico y la ironía corrosiva que pueden limitar el carácter «carismático» del condotiero, tal y como ha sucedido en la aventura de Boulanger.[88] Pero un golpe inmediato de este tipo, por su propia naturaleza, no puede tener largo alcance y ser orgánico; será casi siempre del tipo restauración y re-

88 Georges Boulanger (1837-1891) fue un militar de alto rango de origen francés que, defenestrado, se convirtió luego en líder de un movimiento populista que desestabilizó la Tercera República francesa y promovió de palabra un golpe de Estado, fallido tras desoír la insistencia de sus secuaces, hacia 1889. Murió suicida.

organización, no del tipo que exige la fundación de nuevos Estados y nuevas estructuras nacionales y sociales, será de tipo «defensivo» y no creativo original (así se exigía en *El Príncipe* de Maquiavelo, en el que la restauración era solo un elemento retórico, vinculado al concepto literario de una Italia heredera de la Roma clásica, y debía restaurar el orden y el poder de la Roma antigua). El golpe inmediato presupone que una voluntad colectiva, ya existente, está en disolución, se está dispersando, ha sufrido un colapso peligroso y amenazante, pero no decisivo ni catastrófico, y es necesario reagruparla y robustecerla. No se trata de deber crear una voluntad colectiva de la nada (*ex novo*) y conducirla hacia metas concretas y racionales, cuya concreción y racionalidad no han podido ser comprobadas y criticadas gracias a una experiencia histórica de los hechos y universalmente aceptada.

El carácter «abstracto» de la concepción soreliana del mito aparece en la aversión —que toma la forma pasional de una repugnancia ética— hacia los jacobinos, que fueron una «encarnación categórica» del príncipe de Maquiavelo. *El Príncipe* moderno debe dedicar un capítulo al jacobinismo —en el sentido integral que esta noción ha tenido históricamente y debe tener conceptualmente—, y que sirva de ejemplo de cómo se formó conceptualmente y puso en marcha una voluntad colectiva que, en algunos aspectos, fue creación de la nada (*ex novo*), original. Es necesario que allí se dedique un capítulo a definir la voluntad colectiva y la voluntad política en general y en sentido moderno, la voluntad como conciencia activa de la necesidad histórica, como protagonista de un drama histórico real y eficaz. Uno de los primeros capítulos debería dedicarse, sí, a la «voluntad colectiva», e impostar la cuestión de esta manera:

¿cuándo podemos decir que se dan las condiciones para que pueda suscitarse y evolucionar una voluntad nacional-popular? Y al punto hacer un análisis histórico —económico— de la estructura social del país en cuestión y una representación «dramática» de los intentos hechos a través de los siglos para suscitar aquella voluntad, y las razones de los sucesivos fracasos. ¿Por qué en Italia no hubo monarquía absoluta en tiempos de Maquiavelo? Es necesario retrotraerse a los tiempos del Imperio romano (cuestión de la lengua, de los intelectuales, etcétera), comprender la función de los burgos medievales, el significado del catolicismo… Es necesario, en definitiva, trazar un esbozo de toda la historia italiana, sintético pero exacto.

La razón de los sucesivos fracasos que sufrieron los intentos de crear una voluntad colectiva nacional-popular debe buscarse en la existencia de unos determinados grupos sociales que se forman tras la disolución de la burguesía comunal, en el carácter idiosincrático de otros grupos que reflejan la función internacional de Italia como sede de la Iglesia y depositaria del Sacro Imperio Romano, etcétera. Esta función y la posición consiguiente determinan una situación interna que se puede llamar «económico-corporativa»; esto es, la peor de las formas feudales desde el punto de vista político, la forma menos progresiva y más inmovilizadora. Faltó siempre —no podía constituirse— una fuerza jacobina eficiente, la fuerza, de hecho, que en otras naciones ha despertado y organizado la voluntad colectiva nacional-popular y ha fundado los Estados modernos. ¿Se dan, finalmente, las condiciones para esta voluntad? Es decir, ¿cuál es la relación actual entre estas condiciones y las fuerzas contrarias? Tradicionalmente, las fuerzas contrarias han sido la aristocracia agraria y, más en general, los terratenientes en su conjunto, con su característico toque italiano, que es el de una «burguesía rural» especial, herencia del viejo parasitismo vigente en los tiempos modernos gracias a la fragmentación en mil pedazos, como clase social, de la burguesía comunal (las cien ciudades, las «ciudades del silencio»).[89] Las condiciones positivas se han de buscar en la existencia de grupos sociales urbanos, convenientemente desarrollados en la esfera de la producción industrial y que hayan alcanzado un determinado nivel de cultura histórico-política. Toda formación que tenga voluntad colectiva nacional-popular resulta imposible si la gran masa de campesinos cultivadores no irrumpen «simultáneamente» en la vida política. Esto quiso decir Maquiavelo cuando hablaba de reforma de la milicia, esto hicieron los jacobinos durante la Revolución francesa; y el haber comprendido este elemento demuestra un precoz jacobinismo en Maquiavelo, el germen —más o menos fecundo— de su concepción de la revolución nacional. Toda la historia posterior a 1815 demuestra el esfuerzo de las clases tradicionales por impedir la formación de una voluntad colectiva de este tipo, por mantener el poder «económico-corporativo» dentro de un sistema internacional de equilibrio pasivo.

Una parte importante de *El Príncipe* moderno deberá dedicarse a la cuestión de la reforma intelectual y moral; esto es, a la cuestión religiosa o de una concepción del mundo. También en este campo encontramos ausencia de jacobinismo o miedo al jacobinismo: la última expresión

89 El poeta-ideólogo-soldado Gabriele D'Annunzio escribió una serie de elegías a las ciudades del norte de Italia venidas a menos. Se publicaron en *Versi d'amore e di gloria*, recientemente reeditados en Einaudi, Torino, 2001. En castellano se publicaron ya en Aguilar, México, 1960 dentro de sus *Obras completas*.

filosófica de tal miedo es la actitud maltusiana de B. Croce hacia la religión. *El Príncipe* moderno debe, y no puede no ser, el heraldo y el organizador de una reforma intelectual y moral, lo que significa preparar el terreno para un posterior desarrollo de la voluntad colectiva nacional que tienda al cumplimiento de una forma superior y total de civilización moderna.

Estos dos puntos fundamentales, a) formación de una voluntad colectiva nacional-popular de la que el moderno príncipe es al mismo tiempo organizador y expresión activa y operativa, b) reforma intelectual y moral, deberían constituir la estructura del trabajo. Los puntos concretos del programa deben incorporarse en la primera parte, es decir, deberían surgir «dramáticamente» del propio discurso, no ser una fría y pedantesca exposición de raciocinios.

¿Puede haber una reforma cultural y, con ella, una mejora civil en los estratos más bajos de la sociedad, sin que haya una reforma económica, cambios en la escala social y en el mundo económico? Por esto la reforma intelectual y moral ha de estar vinculada a un programa de reforma económica; es más, el programa de reforma económica supone de hecho una manera concreta de llevar a cabo toda reforma intelectual y moral. *El Príncipe* moderno altera todo el sistema de relaciones intelectuales y morales por cuanto su desarrollo significa que toda acción se concibe bien como útil bien como dañosa, como virtuosa o perversa, solo en cuanto tiene como punto de referencia al príncipe moderno en sí mismo y sirve, sea para incrementar su poder, sea para obstaculizarlo. El príncipe ocupa el lugar, en la conciencia colectiva, de la divinidad o del imperativo categórico, deviene la base de un laicismo moderno y de una completa laicización de toda la vida y de todas las relaciones consuetudinarias.

LUCIANO CANFORA*

# Epílogo

## ANTONIO GRAMSCI Y EL FASCISMO

Cuando se discurre sobre el fenómeno mayormente —pero no exclusivamente— italiano del nacimiento del fascismo, y del clima intelectual en el que se cimentó y desarrolló hasta la posterior conquista del poder, es necesario tener presente la existencia de un difuminado y extendido sentimiento de insatisfacción, y aun de rechazo, para con los partidos tradicionales —incluidos los socialistas— y hacia la indecencia del sistema político que se consolidó con la alternancia parlamentaria entre aquellos: insatisfacción y consiguiente crítica acérrima que se manifestaron, de manera progresivamente feroz en organizaciones y personalidades de lo más diversas, en las primeras dos décadas del siglo pasado.

Recordaremos la crítica al mecanismo del sistema político basado en el partidismo-parlamentarismo forjado por los grandes exponentes de la corriente «elitista», y la necesidad de desenmascarar la pseudodemocracia parlamentaria

* Luciano Canfora (1942) es profesor emérito de Filología griega y latina en la Universidad de Bari, y miembro de la Fondazione Istituto Gramsci y del comité científico de la Enciclopedia Treccani. Este texto es un extracto de *Gramsci in carcere e il fascismo*, publicado por Salerno Editrice en 2012, pp. 12-43.

intrínseca a la teoría de la «minoría electa» y de la «clase política». Recordaremos el texto programático con el que Salvemini, una vez abandonado el Partido Socialista, lanzaba la nueva revista *L'Unità* en el nombre de una deseable y radical renovación de todas las fuerzas políticas consistente, a saber, en la disolución de todos los partidos políticos tradicionales y en sustituirlos por formaciones completamente renovadas. Su lema era «morir para renacer» (*putrescat ut resurgat*). [...]

Con la Primera Guerra Mundial en curso, la crítica a la aparente «democracia parlamentaria» de las grandes potencias en lucha contra Alemania la impulsaron, con argumentos más que válidos, los propagandistas políticos y la élite intelectual europea, sobre todo alemana. [...] La experiencia de la guerra dio pie a la formación de nuevos partidos políticos. Las revoluciones que se simultanearon entre 1917 y comienzos de 1919 con la fase final de la guerra (Rusia, Alemania, Hungría), pero sobre todo la inesperada conquista del poder por parte del neonato Partido Comunista en Rusia, aceleraron la formación de partidos que, en oposición frontal con los equilibrios y las formaciones tradicionales, se ofrecieron como intérpretes de una, por lo demás, ineludible y «necesaria» revolución. [...]

Es de sobra conocido de qué forma el también neonato movimiento fascista se mostró oscilante entre el propósito de ocupar un espacio, y de representar un papel que suponía una total y original «renovación», y la elección que tomó de convertirse despaciosamente sujeto e instrumento de «conservación» y de defensa de los valores tradicionales contra la amenaza de una revolución. Y es también sabida la ambivalencia de fondo sobre la que, hasta el último momento, el movimiento creado por Mussolini basó la táctica de la trágica partida que estaba jugando. La privilegiada capacidad de conocimiento de los hechos que nos da ser *posteri* no debe llevarnos a olvidar el inicial crédito dado al fascismo por estratos sociales descontentos e inquietos y confusamente proclives a un «cambio». No en vano el fascismo se presentó —a su modo— como movimiento revolucionario.

En este panorama de conjunto, la opción revolucionaria —propiciada por la guerra— para salir de un sistema político declarado inadecuado y ya superado (y putrefacto) aparecía ante la mayoría, aunque por diferentes y opuestas razones, la solución a las varias crisis en acto; a saber: a la posbélica, al papel de la «violencia» como fuerza liberadora del callejón sin salida (*impasse*) en el que se encontraba la democracia parlamentaria, al papel que la personalidad carismática de los *capi* reconocidos y advertidos como «demiúrgicos» perfilaron en un horizonte tan vasto que sobrepasaba los límites europeos, y que eran Lenin, Atatürk, Sun Yat-sen. Que surgiera en la inquieta y fervorosa posguerra alemana la contingencia *weberiana* del «líder carismático» supone un ejemplo, y una contextualización, de todos estos factores y de todas estas experiencias. [...]

Antonio Gramsci (1891-1937) se entregó completamente a la política por los tiempos en que parecía ponerse en marcha la triunfal revolución —la revolución socialista «mundial» querida por los pueblos como respuesta al conflicto creado por el imperialismo y al servicio de la cual decidió poner todas sus fuerzas intelectuales y sus capacidades prácticas— y murió cuando el fascismo se mostraba vencedor por doquier.

Así, uno de los hilos conductores de su pensamiento es el análisis del fenómeno fascista; esto es, el estudio del principal sujeto y factor político-social que hizo imposible la revolución socialista en Italia. Por eso es importante, si queremos estudiar los trazos esenciales de su obra, seguir la evolución de sus ideas sobre el fascismo. No es un caso que su pensamiento vuelva a estar de actualidad cada vez que la relación entre las fuerzas políticas se decanta del lado de la reacción y la revolución, o es derrotada, o queda retrasada *sine die* o, en cualquier caso, reinterpretada como largo proceso de transformación. Y hemos de entender este largo proceso a partir del concepto —de la audaz concepción reinterpretada por Gramsci— de «revolución pasiva». Por eso el pensador italiano es tan actual hoy, cuando hemos dejado a nuestras espaldas más de dos décadas del epígono que siguió al resquebrajarse del último producto estatal que dieron las revoluciones europeas del siglo XX y el socialismo sobrevive apenas como gestión alternativa al sistema económico vigente.

Es sobremanera instructiva la evolución que sufrió su diagnóstico sobre el fascismo, desde las primeras batallas periodísticas de hacia 1920 hasta el modo de abordarlo, ya en prisión, en el Cuaderno 13. Sea como fuera, es un diagnóstico profundo que basa su valor actual en que sigue vigente la afirmación de que cualquier reacción capaz de convertirse en mayoritaria en la sociedad es —*in nuce* e *in radice*— una forma (isomorfa, es cierto y adecuada a su propio tiempo y modernizada) de «fascismo». Al igual que en la existencia individual, en la vida de las naciones cada generación hace suya la experiencia pasada, que reaparece siempre como si fuera nueva, de manera que la lección de la precedente no sirve para casi nada. [...]

[La evolución de una parte del pensamiento de Gramsci se comprende si se estudia el concepto de cesarismo ligado al de líder carismático *(capo)* de los sistemas dictatoriales].

Polemiza con los socialistas que afirman aceptar, sí, «la dictadura del proletariado pero rechazan la dictadura de los *capi*, rechazan que el mando se individualice, se personalice» y les reprocha el no querer «aceptarla en la única forma en que es históricamente posible». El artículo[90] fue escrito con ocasión de la muerte de Lenin. Gramsci no solo quiere dejar constancia de la forma «personal» que ha adoptado el poder en la Rusia bolchevique, sino que se encuentra delante la necesidad de deber establecer una diferencia clara entre Mussolini y Lenin, entre dos formas de poder encarnadas ambas en un *capo*. Y Gramsci hace el esfuerzo de intentar explicar las diferencias, para lo que recurre a conceptos como «el proceso de selección ha durado treinta años» y que se ha llevado a cabo «en contacto con las civilizaciones capitalistas más avanzadas de la Europa central y occidental» (de donde saldría Lenin). No olvida mencionar el «fracaso de Mussolini como *capo*» a raíz de la Semana Roja de junio de 1914. Son intentos no convincentes y provisionales si los relacionamos con las páginas que más tarde escribirá en los cuadernos 9 y 13, pero en ellos se entrevén las diferencias sobre las que Gramsci, al final, atestará el cesarismo regresivo y el progresivo. [...] Desde el momento en que aparece este artículo, el 1 de marzo de 1924, Gramsci se esfuerza en hacer que «cuadren» los presupuestos de los que parten sus reflexiones, de integrar su propio mundo con el precipitarse, no siempre previsible, de la vida real: de la toma del poder a la dictadura de partido y hasta llegar a la dictadura personal. Gramsci es consciente de la evolución de la Unión Soviética e intenta explicársela de manera satisfactoria. El complicado, y no demasiado persuasivo, razonamiento de 1924 según el cual solo los líderes

90 Véase el artículo XIX del presente volumen. (*N. del T.*)

proletarios serían líderes verdaderos (dejando claro —porque la realidad se lo ha hecho ver— que el poder personal de un *capo* es ineluctable) pierde fuerza en la nueva reflexión confesada en los cuadernos. [...]

La visión que tiene de la realidad político-contemporánea que le toca vivir, y que se puede obtener del mosaico que son los *Cuadernos de la cárcel*, es que el predominio burgués y el modelo «liberal» son cosas del pasado, y que han sido sustituidos por dos formas político-estatales: el fascismo y el bolchevismo, que tienen elementos de analogía porque derivan del hecho de que ambos rompen con el viejo modelo, sin que deban equivocarnos las diferencias que los separan y que los enfrentan. El fascismo es la forma que consiente a las viejas clases dominantes explicar cuánto tienen que decir todavía y cuánto queda de su antigua capacidad (encuadrada, por lo demás, en un «cesarismo» que es, también y potencialmente, factor de su crisis).

Entrambas nuevas formas corren, y Gramsci lo advierte sin reticencias, el riesgo de que la masa se convierta en apenas *massa di manovra*, sin otra «función política que la de mostrar una fidelidad genérica, de tipo militar, a un centro político visible o invisible». Y, en verdad, no es una visión tranquilizadora.[91]

**91** Saltaba a la vista (de sus adversarios *in primis*) cuán orgánica era la colaboración de lo mejor de la intelectualidad italiana con las iniciativas específicas del régimen fascista. Era indicio evidente de la aceptación del «fascismo como normalidad», incluso por parte de quien abrazaba rasgos de culturas políticas diferentes o contrarias a aquel. No siempre tiene sentido hablar de «vendidos». Pocos eran los que podían permitirse el desafío: «El fascismo no durará». El mismo Gramsci, al delinear el fascismo como la «revolución pasiva» del siglo XX, le daba crédito y le prospectaba *una lunga durata*.

# Índice

El fascismo

VIVA IL DUCE
CREATORE dello STATO CORPORATIVO

SINDACATI FASCISTI LAVORATORI INDUSTRIA
DUCE!
DUCE!
Con TE ovunque
anche al supremo sacrificio
SOCIETA ITALIANA ICO
FABBRICA ARTICOLI
CHIRURGO
FARMACEUTICI
DUCE!
TI VOGLIAMO SENTIRE TUTTO NOSTRO
VIVA IL DUCE
STATO CORPORATIVO

SINDACATI FASCISTI LAVORATORI INDUSTRIA
DUCE!
Vieni a trovarci nelle nostre Fabbriche !
Nelle Sedi dei nostri Sindacati !
TI VOGLIAMO SENTIRE TUTTO NOSTRO
SINDACATI FASCISTI LAVORATORI INDUSTRIA
DUCE!
I LAVORATORI DELL'INDUSTRIA SANNO
VIVA IL DUCE

«E il naufragar m’è dolce in questo mare»